Marlene Dietrich

W0244185

Norma Bosquet – Michel Rachline

Marlene Dietrich

LES DERNIERS SECRETS

nouveau monde éditions

© Nouveau Monde éditions, 2007
24, rue des Grands-Augustins – 75006 Paris
ISBN : 978-2-84736-245-9
N° d'impression :
Dépôt légal : novembre 2007
Imprimé en France par Sagim Canale

« Les femmes sont extrêmes :
elles sont meilleures ou pires que les hommes. »

La Bruyère, « Des femmes », in *Les Caractères*

1.

La rencontre

Lorsque j'ai rencontré Marlene Dietrich pour la première fois, en 1977 (elle avait soixante-seize ans), je fus saisie d'une émotion qui ne m'a plus jamais quittée, bien que j'eusse assisté à sa déchéance physique au cours du temps, puis à sa mort. Sans doute n'était-elle plus la fascinante déesse à qui nous avaient habitués le cinéma et le music-hall ; elle exprimait néanmoins un charme dû à la beauté mouvante de ses yeux bleus, à la transparence de sa peau et surtout à ce qu'elle conservait de plus pur, de plus bouleversant pour tous ceux qui l'avaient érigée en idole par les vertus de la toile blanche, sa voix. Aussitôt qu'elle parlait, on entendait l'Ange bleu. *Ich bin eine Kunstlerin.* « Je suis une artiste. »

Cependant, rien ne put égaler ma surprise en découvrant en Marlene une toute petite femme, à peine plus grande que Piaf, une Marlene qui m'arrivait au-dessous de l'épaule. En la voyant sur scène, on imaginait une dimension physique à la hauteur de son génie ; cette illusion d'optique venait de son corps singulièrement bâti : un petit buste, et des cuisses, des jambes interminables, célèbres, de plus respectées par le temps. À soixante-seize ans, Mademoiselle Dietrich pouvait encore montrer les plus belles jambes de la planète, quoique, en 1977, elle eût été déjà victime de deux accidents et portât des talons correcteurs ; elle évitait ainsi une claudication qui aurait nui à son image ; elle y tenait tellement que, dès alors, nul ne put obtenir le droit de la photographier et que, s'il existe quelques clichés d'après 1977, ce sont des photographies prises sans son accord.

Marlene Dietrich est morte le 9 mai 1992, dans son appartement de l'avenue Montaigne, à Paris. De 1977 à cette triste et dernière date, je fus sa confidente, son soutien moral et physique, plus encore son amie. Je m'appelle Norma Bosquet, née Caplan aux États-Unis, et je suis la veuve du grand écrivain Alain Bosquet. Nous nous sommes mariés en 1954, jamais séparés jusqu'à la mort de mon mari, en 1998. Peut-être est-ce assez dire pour évoquer la fidélité de ma nature ? En amitié aussi ! Et malgré le caractère difficile de Marlene (elle y avait droit, après tout) notre amitié a résisté à tous les coups. Dieu sait s'il y en eut... Venus de toutes parts, de ses prétendus amis, de sa fille, de l'un de ses petits-fils. Pourquoi et comment suis-je devenue celle à qui la grande Marlene dédiait des odes, dédicaçait photos et livres avec la plus douce tendresse, enfin celle dont elle disait : « Comment pourrais-je vivre sans vous, Norma ? » Le plus simplement du monde et par hasard naturellement.

Alain Bosquet et moi étions venus vivre à Paris après notre rencontre pendant l'Occupation à Berlin où nous résidions, avec quelques autres militaires... Il écrivait, je travaillais pour différents services de l'administration américaine. En 1976, j'obtins que l'ambassade américaine me mît à la retraite ; c'est alors qu'Alain Bosquet me suggéra de chercher un travail à mi-temps. Il était poursuivi par la peur de « manquer ». Pourtant, je ne tenais pas à travailler de nouveau, toute occupée que j'étais par des cours sur l'art, notamment la peinture qui me passionnait. Un jour, ma remplaçante auprès du consul général me dit que Marlene Dietrich avait téléphoné. Elle voulait une personne recommandée par l'ambassade pour l'aider dans la rédaction de ses mémoires, aussi bien l'écriture que la dactylographie. Serais-je candidate ? Ce pourrait être amusant, me dis-je. Chaque semaine, à l'époque, je passais à mon ancien bureau où je prenais mon courrier d'Amérique, arrivé par le service APO, réservé au personnel de l'ambassade. Ma présence dans cette pièce n'était donc pas anormale, bien que je n'y eusse plus rien à faire d'autre que de m'enquérir de quelques lettres personnelles. Marlene Dietrich ayant bien sûr donné son numéro de téléphone, je l'appelai. Nous eûmes quelques minutes de conversation pendant lesquelles je reçus tout au long, pour la première fois en direct, le choc de la fameuse voix, d'autant que le téléphone en accentuait les modulations. Nous convînmes que je retirerai des textes chez le gardien de son immeuble ; je les « saisirai » comme on dit aujourd'hui (alors on « tapait » à la machine à écrire) ; puis je les rapporterai le lendemain, si possible. Ce qui fut dit fut fait. Nous travaillâmes ainsi durant une dizaine de jours. Cependant, les derniers jours, je pris la liberté d'ajouter quelques commentaires. Pourquoi serais-je restée anonyme à ses yeux ? Mes avis allaient de la louange à la critique. Elle n'était pas un écrivain, mais savait imposer un ton. Elle écrivait en anglais, mais parlait l'allemand, bien sûr, le français et l'anglais. Pour le français, elle le parlait aussi mal que moi !

Puis, elle m'appela. Sans doute avait-elle apprécié mes observations ? Que je vienne chez elle au lieu de prendre le pli chez le gardien. Soit. Elle me donna rendez-vous vers onze heures du matin. Je fus exacte comme toujours. Elle aussi. Une bonne Prussienne classique ! Je m'attendais à tout un cérémonial pour accéder à la star. Pas du tout. C'est elle qui ouvrit la porte. J'avais devant moi non seulement l'Ange bleu mais encore la Scandaleuse de Berlin, l'amoureuse de *Témoin à charge*, la veuve d'un général nazi dans *Procès à Nuremberg*, ou la troublante chanteuse de cabaret déguisée en homme. D'ailleurs elle portait un pantalon. Avec Marlene, ce n'était pas nouveau. Je l'ai dit, sa petite taille me stupéfia. Peut-être, en cet instant plus qu'en tous les autres, ai-je compris la magie du cinéma et des métiers d'illusionniste exercés par Marlene Dietrich pendant sa fabuleuse carrière. L'ai-je trouvée belle ? En tout cas « intéressante », captivante même. Mais elle ne jouait plus la comédie ; elle souffrait de sa hanche, refusait de sortir et comptait sur moi pour modeler sa légende. Afin d'y parvenir, elle avait choisi la voie du silence et de la dérobade. Son livre serait sa dernière occasion d'apparaître devant ce public dont l'amour l'avait enivrée depuis si longtemps. J'allais résumer ce public tout entier qui la comblait toujours, puisque, chaque matin, elle recevait trente à quarante lettres qu'elle lisait attentivement et auxquelles nous répondions. Le plus souvent, il s'agissait de photos que Marlene renvoyait après les avoir signées. Je possède moi-même une impressionnante collection de ces photos, en tous formats ; Marlene Dietrich y exprime, à mon mari et à moi, ses sentiments de tendresse, presque d'amour. Ces photos de son merveilleux visage ne la remplacent pas, mais elles m'accompagnent comme des témoins de notre affection réciproque. Quand je suis allée chez elle pour la première fois, nous sommes entrées tout de suite dans le salon. Deux grands pianos à queue occupaient une partie de l'immense pièce ; sous les pianos se trouvait le matériel dont elle se servait dans ses tournées, des valises, des sacs, des cartons pleins de papiers, avec des étiquettes pour ne pas s'y perdre. Quant aux murs, on n'en voyait plus la couleur ; d'innombrables photos, des lettres, des reproductions de contrat, des papiers à musique couverts de notes, chansons ou autres masquaient tout l'espace. Des photos de tous ses amis, de sa fille, et partout des portraits de Jean Gabin, dont il est admis désormais qu'il fut l'homme de sa vie. Marlene s'est mise à me questionner, et moi qui ne suis pas précisément introvertie, j'étais embarrassée, intimidée par cette femme extraordinaire qui ne manquait pas, en parlant, de montrer ses très belles mains. En outre, celle qui avait fait de la cigarette une étoile de cinéma ne fumait plus. Ses mains n'étaient pas tachées. Soudain, nous avons été interrompues par la sonnerie du téléphone. Elle est allée répondre d'un pas hésitant. Plus tard, j'appris qu'elle avait eu deux accidents en scène et avait été opérée de la hanche, mais alors, on ne pouvait imaginer qu'elle allait finir sa vie sans plus jamais se lever. L'appel téléphonique venait de New York ; c'était Maria Riva, sa fille, la mère de ses quatre petits-fils. Je l'ai tout de suite compris car je parlais l'allemand, ce que Marlene ignorait ; voilà pourquoi elle s'entretenait dans cette langue avec sa fille. Voilà pourquoi aussi, elle a fait quelques commentaires sur moi en toute liberté. Je n'avais pas à me plaindre de ce qu'elle disait. Ensuite, elle est revenue à moi et m'a demandé de me présenter chez elle le lendemain. Ce que j'ai fait.

Ce ne fut plus une femme en pantalon qui m'ouvrit la porte ; Marlene portait une robe de chambre courte qui laissait paraître ses jambes ravissantes. Elle me donna quelques consignes pour mon travail : dactylographier des textes, faire des photocopies de documents ; puis elle décréta qu'elle allait me servir un repas. La cuisine était l'une de ses passions. Hélas ! J'eus l'imprudence de lui confier que j'aimais l'artichaut qu'elle m'avait servi. Je dis « hélas », car elle m'en proposa chaque jour pendant toute une semaine. C'était beaucoup ! Elle-même ne mangeait pas, restait debout avec un air de surveiller mon appétit. Je me suis dit qu'elle vérifiait mes manières, et voulait voir si je me tenais « comme dans la bonne société ». Je me sentais de plus en plus gênée et j'ai fini par lui dire que je ne pouvais plus la voir que l'après-midi. Elle avait organisé sa vie de presque recluse déjà, de façon qu'elle pût écrire chaque jour quelques pages de ses mémoires.

Elle ne sortait jamais de chez elle ; en quinze ans, elle a quitté son domicile trois fois exactement ! La première fois, ce fut en 1978 ; elle se rendit en Suisse pour se livrer à la cure rajeunissante du professeur Nyans, à la clinique de la Prairie. Un ami nommé Mago l'accompagnait, un costumier suédois qui vivait en Suède et travaillait avec Bergman. La cure fut un succès et réussit au mieux à Marlene. Comme toujours, elle avait besoin d'argent ; elle consentit donc à jouer un petit rôle bien payé dans le film *Just a Gigolo*. Elle y chantait de sa voix éternelle et ne tourna plus jamais de film par la suite. Toute sa vie, elle avait touché ses cachets au contrat, sans participation aux recettes : l'argent était dépensé longtemps avant qu'il ne lui parvînt. On tourna le film à Berlin, mais Marlene obtint que ses scènes fussent filmées au studio de Boulogne, près de Paris. Ce fut l'occasion de sa deuxième sortie. Elle n'était pas seule : Maria Riva, sa fille, était présente comme chaque fois qu'il y avait un peu d'argent à gagner autour de Marlene. Maria Riva se disait actrice. Naturellement, tout le monde comprendra ce que c'est que d'être une actrice quand on est la fille de Marlene Dietrich ! D'autant plus qu'elle n'affichait pas la beauté de sa mère. Mais, moi, je l'aimais bien à l'époque. Je crois qu'elle me faisait un peu pitié. Peu à peu, la pitié fit place à la colère et au ressentiment. J'y reviendrai. Qui a vu *Just a Gigolo* ne doit pas en conserver un souvenir inoubliable ; on reconnaissait à peine Marlene qui portait une voilette sur le visage. Une fois encore, sa voix restait l'élément magique. Marlene n'a pas vu le film ; je l'ai vu à sa place ; c'était un mauvais film dans lequel seule la grande actrice s'imposait. Je le lui ai dit et elle m'en parut heureuse. C'était en 1978.

Certains jours, par exemple quand elle me servait à déjeuner, elle chantait *Just a Gigolo* pour moi toute seule. Malgré notre intimité grandissante et la familiarité de la vie quotidienne, je n'ai jamais réussi à m'habituer au spectacle ainsi donné par l'une des plus grandes stars du monde, en privé, simplement pour faire plaisir à une amie. Et je reverrai toujours, de même, sa grâce un peu nonchalante à cause de sa hanche, quand elle bougeait en chantant autour de la porte qui donnait sur la cuisine, comme sur une scène avec un décor.

Sa troisième et dernière sortie eut lieu à cause d'une occasion tragique, où l'on peut reconnaître les premières étapes de sa lente route vers la décrépitude. En 1980, un samedi, elle est tombée dans sa salle de bains. Elle était seule chez elle et n'a donc pu appeler à l'aide. Alors, elle a tiré sur le rideau de la douche ; puis, s'étant endormie dans cette inhabituelle et inconfortable couverture, elle a passé la nuit par terre, sans pouvoir prévenir personne. Le lendemain matin, un ami, Louis Bozon, l'a trouvée sur le sol et l'a portée jusqu'à son lit. Nous étions quelques-uns à détenir une clé de l'appartement : moi, naturellement ; Eddy Marouani, l'imprésario de Marlene ; de même que trois ou quatre autres dans l'immeuble sur lesquels on pouvait compter. Puis Bozon a appelé la fille de la star, Maria, qui a choisi la clinique où l'amener le lendemain. Quand je suis arrivée, il m'a été demandé de faire venir une ambulance pour l'emmener dans une clinique spécialisée. Transporter Marlene Dietrich n'a certes pas été de tout repos. Allongée sur un brancard, elle voulait son vison ; je l'ai posé sur elle ; puis l'infirmier m'a dit que le brancard ne rentrerait jamais dans l'ascenseur. Alors, il a pris la star dans ses bras ; il voulait aussi une photo d'elle. Il l'a eue. Enfin, nous sommes sortis par le garage situé derrière l'immeuble, de sorte que nul ne pût apercevoir Marlene Dietrich la Sublime, brisée sur un brancard, aux prises avec nos deux ennemis à tous, la vieillesse et la mort.

2.

Marlene Dietrich par petites touches

Quand on a la chance d'approcher un monstre sacré, dans quelque domaine que ce soit, et *a fortiori*, de vivre à ses côtés pendant longtemps, on oublie souvent que l'on n'a pas affaire à un bloc de matière travaillé par le génie une fois pour toutes, mais la plupart du temps à un être composite, fait de morceaux et de pièces assemblés pour survivre à la vie quotidienne comme tout le monde… Marlene Dietrich n'échappait évidemment pas à cette règle générale. Quelle que fût sa volonté constante de préserver et de cultiver sa légende (que son extraordinaire personnalité avait installée dans le cœur du public, – et il n'y avait là ni hasard ni miracle), elle n'en demeurait pas moins une parfaite Prussienne. Il ne faut pas oublier qu'elle n'a pas fui les nazis, puisqu'elle avait quitté l'Allemagne en 1930, pour aller vendre *L'Ange bleu* aux Amériques. Mon mari, Alain Bosquet, disait, parlant de Marlene et de moi : « En bonnes Américaines, elles se sont entendues sans extase aucune, sur des bases modestes mais concrètes, entre égales. »

C'était définir parfaitement le sens du travail chez Marlene Dietrich… et chez moi ! Inutile d'appliquer des « si » à Marlene ; elle vivait dans une réalité certes fabriquée par elle mais loin du rêve ou de l'illusion. Elle se comportait avec une rigueur, une discipline, une volonté tout allemande, selon l'idée reçue dont nous affublons ce peuple, où se retrouvent certainement des originaux et des êtres fantasques. Mais les idées reçues ont la vie dure. Prussienne, elle l'était jusqu'au bout des ongles. Ainsi me paraissait-elle obsédée par la propreté, ce qui n'est certes pas le seul cas des Prussiens, mais elle se livrait chaque mois à des travaux que tout le monde n'accomplit qu'une fois l'an : le nettoyage de printemps par exemple avait lieu chez elle tous les trente jours ! Ses tiroirs étaient un modèle de rangement : chaque chose à sa place, c'est-à-dire à la place décidée par Marlene. La propreté de ses sols aurait pu inciter à y disposer des aliments pour y manger. Les immenses plantes vertes de son salon étaient placées devant une grande baie vitrée où venait couler le soleil. Chaque semaine, on nettoyait les feuilles avec de la bière, on les saupoudrait d'engrais vitaminés. Elle se montrait intraitable dans la plupart des circonstances. Alain Bosquet notait : « La volonté lui imposait une nouvelle attitude et cette volonté était l'une des plus virulentes et des plus infaillibles que j'aie jamais rencontrées... Elle a du jour au lendemain refusé de revoir des témoins de sa jeunesse et de sa splendeur. Les meilleurs amis furent écartés. Elle leur permettait tout au plus de lui téléphoner, mais elle ne leur octroierait plus aucun rendez-vous... Nous nous acheminions vers une amitié réelle et impitoyable... Chaque baiser se donne au lépreux et chaque caresse appelle le dernier soupir... »

Je fus pratiquement la seule à la voir de près quinze années durant, sauf pendant nos brouilles. Je m'en expliquerai. Intraitable, c'est-à-dire sans pitié à commencer pour elle, sans attendrissement, sans romantisme, sans lâcheté, elle disséquait au scalpel les grandes stars de son temps, disant que, dans la vie, on avait affaire à des gens sans charme, sans originalité. De Gary Cooper, elle a dit : « Il n'était ni intelligent, ni cultivé. Rien que de la vanité. » D'autres, des stars telles que Myrna Loy ou Veronika Lake : « C'étaient des dames gentilles et ordinaires. Aucune d'elles ne ressemblait aux rôles qu'on leur donnait régulièrement. Le mystère était joué, pas vécu. » Elle avait fondé son monde, tracé une fois pour toutes ses frontières, dont les autres sortaient. Elle, non. Ainsi, au début, quand elle a commencé à rédiger ses mémoires, elle avait envoyé à Margo Lion qui vivait à Paris, les pages dans lesquelles étaient abordées ses expériences théâtrales berlinoises, avant qu'elle n'eût été découverte par von Sternberg. Marlene et Margo avaient joué une fois sur scène ensemble. Hélas, Margo a mal réagi ! Elle contestait la version Dietrich. Et hop ! Exit Margo Lion. Plus jamais elles n'eurent de relations. Elle ne cessait de dire du mal de Garbo. Elle s'enchantait du jugement de mon mari : « Garbo est une absence, vous Marlene, vous êtes un mythe. »

« Norma dear, comment s'épelle le mot français "exagéré", vous qui savez tout... »

D'abord je ne savais pas tout, loin de là ! Ensuite, américaine, je n'avais pas la science infuse du français. Mais je connaissais l'orthographe du mot en question. Marlene aussi, sans doute. Peut-être voulait-elle seulement s'amuser à me prendre en défaut ? Elle avait obtenu la libération d'un camp de concentration de son ami Max Colpet, grâce au travail d'une association humanitaire à laquelle Marlene participait. C'est à Colpet, de son vrai nom Kolpevitch, qu'elle confia la traduction en allemand de ses mémoires. Cependant, elle n'hésitait pas à l'accuser de parler et d'écrire « l'allemand de Hitler », comme on dirait du « latin de cuisine » ! Chacun sait en effet que Hitler ne pratiquait pas un allemand châtié.

Marlene ne nourrissait guère d'illusions sur la valeur littéraire de son livre ! Elle disait : « Ce livre est *schmick schmock*. Je ne suis pas un écrivain ; je le fais pour l'argent. » Quant à son éditeur américain – une femme – elle entretenait avec elle des relations orageuses. Elle lui écrivit une lettre d'insultes, dans laquelle elle lui refusait sa confiance, à cause d'un livre sur Billy Wilder publié par cette femme, et que le génial metteur en scène qualifiait de « merde ». Je parle du livre ! Mais Mademoiselle Dietrich n'a pas changé d'éditeur...

D'autres aspects de Marlene Dietrich se révélèrent à moi, au cours du temps, des traits de caractère qui n'intéressaient pas nécessairement les journalistes mais la définissaient mieux que ne le feraient de longues études. Ainsi, ne sait-on pas que, chaque année, elle attendait impatiemment la retransmission des matches de tennis à Wimbledon et à Roland Garros. Elle suivait les compétitions religieusement, le mot n'est pas forcé ! Elle alla même jusqu'à écrire au grand champion Björn Borg, à la suite de ses victoires consécutives une lettre d'admiration à laquelle il ne daigna pas répondre, ce qui la déçut beaucoup. Elle dénicha l'adresse et le numéro de téléphone d'un autre fameux joueur américain et l'interrogea sur un sujet pour le moins original : comment s'arrangeait-il pour tenir si longtemps sans faire pipi ou autre chose ? Pour le pipi, elle eut sa réponse : l'abondante transpiration réglait le problème, paraît-il...

Aimait-elle à regarder les films d'autrefois ? Les siens, oui. Les autres la laissaient de marbre. Elle me faisait ainsi penser au personnage de Gloria Swanson dans *Sunset Boulevard*, qui ne projette que ses films. En revanche, les chanteurs populaires la fascinaient. Ses opinions se fondaient toujours sur des arguments professionnels. D'ailleurs, pour tout ce qui touchait aux métiers de la scène ou de l'écran, elle se montrait d'une rigueur qui apparaît dans le film que lui a consacré Maximilian Schell ; rien dans son travail ou dans ses observations ne relevait du hasard, moins encore de l'improvisation. On ne devient pas Marlene Dietrich par amusement ; il s'agit d'un travail acharné, constant. Les chorales enfantines la réjouissaient. Elle voyait toujours tout à travers l'écran de la télévision ; je parle des dernières années bien sûr. Or, comme elle perdait peu à peu la vue en raison d'une cataracte sans doute, elle s'imagina que ses appareils étaient de mauvaise qualité. On les changea deux ou trois fois. Quant à faire appel aux soins d'un ophtalmologue, pas question !

Un jour, elle me raconta qu'elle ne pouvait s'endormir sans avoir pris un somnifère ; il en allait ainsi depuis qu'elle avait cessé de fumer en 1957. Ce fut à la suite d'un pari avec Noel Coward. Quatre ans durant, l'un et l'autre vécurent un véritable enfer. Elle ne pouvait plus dormir. Puis, elle se rendit compte que, si elle ne fumait plus, lui continuait ! Il lui fit alors une étrange proposition. Comme lui, pourquoi ne se ferait-elle pas arracher toutes les dents ? Ils pourraient enfin vivre ensemble, quelque part à la campagne. Humour anglais sans doute ? Mais Marlene possédait encore des dents parfaites et rien ne put la convaincre qu'elle eût dû les perdre volontairement...

Une autre fois, elle reçut chez elle son amie Hildegard Nef qui, sans atteindre à la notoriété de Marlene, a gravé son nom dans le marbre de la chanson allemande, sans parler du cinéma qui en fit une vedette. Et l'anecdote illustre bien le caractère de Marlene, de même que son système de travail. Hildy, comme on appelait Hildegard, arriva un jour chez Marlene en pleurant; elle venait de subir un « flop » à Hollywood, et cherchait à revenir en Allemagne avec de meilleures données. Marlene alors lui fit choisir quelques-uns de ses fabuleux vêtements, avec cette science du « paraître » qui fait les grandes stars. Elle conseilla à Hildegard Nef de se comporter comme si elle avait eu un triomphe. « Ils ne verront pas la différence en Allemagne et vous recevront à bras ouverts. » La prédiction de Dietrich se réalisa. Elle savait, elle, comment on se relève d'un échec: en le niant.

Les admirateurs de Marlene Dietrich savent que, en dépit d'une vie amoureuse complexe et exaltée, d'où les femmes n'étaient pas exclues en tant que partenaires, elle a été l'épouse de Rudolf Sieber, le père de Maria, et qu'elle fut mariée avec lui leur vie durant. Non seulement ils n'ont jamais divorcé, mais encore ont-ils entretenu des relations tendres et amicales jusqu'à la mort de Sieber en 1976... D'ailleurs, je possède toujours de nombreuses enveloppes de ses lettres, au dos desquelles elle indique son nom: Sieber. Elle signait ainsi pour préserver son anonymat. Ce n'était après tout que son nom légal!

Elle me confia que, au chevet de son mari mourant (il décéda peu de temps avant que je ne rencontre Marlene, en 1977), elle aurait voulu par-dessus tout lui dire combien elle avait besoin de lui. De même que lui, par ses regards, lui laissait comprendre qu'il avait grand besoin d'elle. Il y avait du monde dans la chambre, et ni l'un ni l'autre ne pouvaient parler librement. Toujours, ils avaient pu compter sur chacun d'eux et, dans la vie courante, cette situation est assez rare déjà pour que, au royaume des étoiles terrestres, elle soit enregistrée. Marlene Dietrich disait absolument tout à son mari. Lorsqu'il mourut finalement à Los Angeles, elle était à Paris. Maria ne l'autorisa pas à venir, afin que les médias ne transforment pas ce triste événement en tragi-comédie. Même dans les moments les plus privés, Marlene Dietrich n'avait pas droit à une vie personnelle. Peut-être est-ce l'occasion de se dire qu'il fallait être doté d'une puissance intellectuelle et émotionnelle hors du commun pour supporter tous les coups le sourire aux lèvres ?

Il y a peu, classant des papiers pour ce livre, et surtout des lettres écrites par Marlene de son écriture exaltée, me vint l'idée de les montrer à un graphologue, sans prévenir que l'auteur en était l'une des plus grandes étoiles de l'histoire du spectacle. En voici le résultat :

> « Nous avons affaire à une personnalité vivante, mais terriblement excessive dans ses comportements. Son écriture dégage une combativité, un sens du devoir, une obstination, une ténacité, une ardeur, une imagination, une exaltation qui s'apparentent bien souvent à des illusions. Cette personne – une femme – a besoin d'une grande liberté d'action ; elle se doit toujours de se surpasser et montrer de l'audace quand il s'agit de prendre des décisions ; d'ailleurs, elle a du mal à les prendre mais, décidée, elle les assume sans défaillance. Elle possède une intelligence lucide soutenue par un esprit critique. Malgré la vivacité de son esprit, elle émet des interrogations et connaît de nombreux doutes car elle peine à supporter la réalité telle qu'elle est et refuse la médiocrité, la banalité dont la vie quotidienne est remplie. Cette vie quotidienne peut l'énerver si fort qu'elle en arrive à se montrer oppressante et possessive à l'égard de son entourage et même agressive, contrariante à l'envi, ses choix personnels s'étant opérés sur le mode de la lutte et de la résistance, trait qui domine dans son caractère. Peut-être est-ce pourquoi le sujet manque de recul dans les moments les plus simples de sa vie, et manifeste un interventionnisme dans lequel son besoin de s'extérioriser l'emporte sur ses vrais sentiments. Son caractère est très affectif. Elle s'entend à jouer toujours le premier rôle et sait créer un champ d'action suffisamment vaste pour s'exprimer dans toute sa mesure. Son esprit de conquête, sa liberté

d'action devrait lui faire choisir des professions où la personnalité publique revêt une importance majeure. Les choix de cette femme proviennent fondamentalement de sa sensibilité personnelle. Si elle est projetée dans la vie publique, ce n'est pas forcément de par sa propre volonté. Si elle doit choisir, elle va davantage vers la réflexion, l'être intérieur, l'imagination, plutôt que vers l'extériorisation de ses actes dus à une mise en vedette qu'elle ne souhaite pas absolument. Elle force sa nature quand elle agit au grand jour, jusqu'à se faire violence pour se montrer. Mais elle est capable de souplesse, d'empathie, de convivialité et d'un grand sens de la communication. Il ne faut pas cependant qu'elle se retrouve au centre des décisions qui engagent sa vie. Son risque principal consiste à écouter le dernier qui a parlé. Elle a donc des difficultés à décider seule. Autrui reste une préoccupation et les autres lui sont indispensables pour fonctionner. Elle est efficace, concrète, sans états d'âme ; ce qui compte, c'est ce qui se voit. Elle juge un arbre à ses fruits. Voilà bien pourquoi les valeurs affectives lui posent problème, qu'elle en soit ou non consciente. Elle a du mal à exprimer toutes les richesses de son cœur, mais elle s'adapte, quitte à faire semblant. En outre, sa sensibilité, comme les élans de son cœur, s'effacent après réflexion ; ainsi passe-t-elle souvent, aux yeux de son entourage, comme une joueuse habile et pétillante dépourvue de cœur, habile à intellectualiser les situations, jonglant avec les mots, les idées ou les choses, sans tenir compte des aspects humains. Son premier mouvement est de plaire. La séduction, le charme, l'apparence font partie des automatismes de son comportement. Pourtant, sa vie passe par le cœur ; aucune communication réelle ne pourra s'instaurer si la sympathie ou la chaleur n'émanent pas de ses interlocuteurs. Son aspect austère, sévère, sérieux n'est qu'une illusion, une forme de pudeur, de réserve, qui lui impose une grande vulnérabilité. Elle peut, en conséquence, être acculée à une solitude qu'elle ne désire pas, qui la conduit même à un sentiment d'isolement et de frustration. »

Je dois dire que je reconnais bien là « ma » Marlene !

3.

Marlene par Marlene

La plus importante occupation de Marlene consista, dans les dernières années de sa vie, à gagner de l'argent par tous les moyens, sauf par son travail d'actrice ou de chanteuse, puisqu'elle ne pouvait plus quitter son lit. En somme, elle était devenue complètement grabataire, ce qui n'ôtait rien à ses besoins d'argent, car n'oublions pas que sa fille et ses quatre petits-fils, probablement inconscients de la situation, lui coûtaient fort cher. À quoi s'ajoutaient son loyer, ses énormes notes de téléphone et toutes les dépenses inhérentes à la vie d'une très grande star, ne fut-ce que l'alimentation… ou le whisky ! Jacques Kam, son avocat, usait son propre temps consacré à Marlene à intenter des procès contre des particuliers, des sociétés industrielles ou des journaux, pour avoir abusé de son image sans autorisation ; il gagnait généralement, ce qui, dans certains cas, rapportait gros.

Cependant, Marlene, en France, ne disposait d'aucun revenu ; des sommes lui parvenaient de sa retraite, en provenance de sa banque new-yorkaise. De petites opérations l'aidaient. Par exemple, un peintre allemand ayant brossé un portrait d'elle souhaita le publier dans un livre d'art ; sa femme est arrivée avenue Montaigne avec des copies du tableau et a proposé à Marlene de l'argent pour obtenir son accord. Elle accepta. D'ailleurs, cette femme est l'une des rares personnes qu'elle consentit à recevoir pendant ces années.

En 1991, un an avant la mort de Marlene, je dis à mon époux, Alain Bosquet, dont le nom ouvrait toutes les portes, que notre amie avait un grand besoin d'argent ; ce n'était pas nouveau et ce n'était pas fini ! Il a proposé au *Figaro* une interview d'elle qui lui permettrait de gagner une somme importante. Après avoir écrit en anglais les questions qu'il lui poserait, il lui a laissé du temps pour répondre ; j'ai tapé l'ensemble en anglais, Alain a traduit le tout en français, ne changeant que quelques détails afin d'en augmenter l'intérêt. De larges extraits de l'interview ont paru en avril 1991 et j'ai conservé le texte dans son intégralité. Naturellement, Marlene a touché son argent. C'est un texte historique pour tous ceux qui considèrent le cinéma comme l'une des grandes affaires du XXe siècle. Je vous offre une sélection personnelle de larges extraits, un peu différente de celle parue à l'époque.

***

Sans toucher naturellement au texte, la présentation a été légèrement modifiée afin d'en rendre la lecture plus facile ; ainsi les questions d'Alain Bosquet ne figurent-elles pas dans cette version. En outre, ces propos constituent une magistrale leçon pour les comédiens de notre temps, qui veulent tout tout de suite et s'imaginent que leur métier se pratique sans efforts.

> « J'ai eu une enfance heureuse. J'adorais l'école et toutes mes autres activités, organisées avec tant d'amour et de soin. On me donnait des leçons de piano, des leçons de violon, des leçons de danse. Un professeur célèbre à l'époque à Berlin nous apprenait le contrôle du corps, c'est-à-dire à marcher et à nous tenir avec grâce et élégance. Si l'on ajoute les devoirs à écrire à la maison, les jours étaient bien remplis. Nos lectures étaient soumises à un ordre très strict. En plus de Goethe et de Schiller, nous avions à rendre compte, une fois par semaine, de ce que nous avions appris dans les œuvres de Schopenhauer. Puis ce fut Emmanuel Kant… Ses idées, je les ai adoptées et suivies toute ma vie. La logique m'a

marquée au cours des ans, et m'a aidée à m'y retrouver dans les situations les plus insurmontables à première vue, contrairement aux personnes que j'ai pu rencontrer, en particulier dans les pays où Kant n'était pas connu du public.

[...] J'aimais bien le piano et j'adorais le violon ; on décida que je les étudierai tous les deux avec sérieux. On m'envoya à Weimar. Les règlements là aussi étaient des plus sévères... Je me sentais bien seule et le professeur de violon était si difficile à contenter ! Le professeur de piano, lui, était un sage, mais ce vieillard s'ennuyait avec une fille qui voulait avant tout devenir violoniste. Ensuite, je me suis brisé le poignet gauche en faisant du patinage. Brisé le rêve de devenir violoniste, brisé une fois de plus le cœur de ma mère !

Toutefois, comme une de mes amies fréquentait l'école de Max Reinhardt (le plus célèbre metteur en scène de théâtre des années 1920-1930), j'y fus admise grâce à mon éducation musicale. Des acteurs renommés y enseignaient. Ma connaissance des langues et le latin que j'avais appris au lycée m'ont été d'un grand secours pour les leçons de prononciation. Un an plus tard, on nous a envoyées dans plusieurs théâtres de Reinhardt ; nous avions à prononcer des répliques d'une seule ligne pour nous habituer à l'atmosphère de la scène... Parfois nous tenions un rôle secondaire et nous admirions les vedettes, de notre petit coin caché. On nous faisait passer aussi des auditions. J'ai eu la chance de me faire engager dans une comédie musicale qui s'appelait *C'était dans l'air*. J'y chantais en duo avec Margo Lion qui tenait le rôle principal... *L'Ange bleu* a été le premier film parlant produit par la UFA à Berlin. [...] Mon oreille musicale m'a permis d'enregistrer les habitudes de parler plutôt vulgaires que nécessitait mon rôle dans le film. Je n'avais travaillé avec aucun metteur en scène important avant Monsieur Joseph von Sternberg.

Une question quelque peu grivoise d'Alain Bosquet permet à Marlene Dietrich de définir d'un trait son caractère et sa technique d'actrice. Voici la question : « Dans L'Ange bleu*, vous jetez à la figure d'Emil Jannings votre petite culotte du haut de l'escalier. Étiez-vous consciente que ce simple geste allait devenir un symbole d'érotisme pour le demi-siècle qui suivrait ? »*

Naturellement pas ! J'ai fait ce qu'on m'a dit de faire.

Cette réponse dite d'un ton cinglant rappelle un autre dialogue entre Marlene et Maximilian Shell lors du tournage qu'il entreprit avec elle pour un film intitulé *Marlene D.*, où l'actrice n'apparaît pas mais parle seulement.

Maximilian Schell : « Avez-vous souvent improvisé ? »

Marlene : « Jamais ! Savez-vous ce qu'est le cinéma, Monsieur ? Vous n'êtes pas un professionnel ! »

***

« Je n'ai rencontré personne à Hollywood. Monsieur von Sternberg avait préparé un appartement pour moi et le scénario se trouvait déjà sur la table, dans l'entrée. C'était *Morocco*. Le travail a commencé sur-le-champ. Cela me convenait pourvu que je puisse téléphoner à Berlin (où étaient restés le mari et la fille de Marlene) une douzaine de fois par jour. Monsieur von Sternberg était à mes côtés ; il expliquait, parfois il traduisait, et il me servait de lien avec les autres collaborateurs. Il était tout ce qu'on pouvait souhaiter en un seul être. Et d'abord, le père que je n'ai jamais eu. Je vénérais le sol où il mettait le pied. Ma vénération pour son intelligence et sa compréhension de toutes les fragilités et de tous les manques humains était infinie. Il en était comme meurtri. Étant donné qu'on m'avait appris à obéir aux ordres, il admirait ma conduite dans les divers aspects de notre travail. Il me possédait de fond en comble et il le savait. Lorsqu'il m'a abandonnée, je suis retournée en Europe. Je n'ai jamais eu de metteur en scène de qualité en Allemagne. Toute comparaison (entre le cinéma européen et le cinéma d'Hollywood) serait injuste. La technique américaine était bien plus avancée que l'allemande. C'est la raison pour laquelle Emil Jannings [une grande star du cinéma allemand de l'entre-deux-guerres] a fait appel à Monsieur von Sternberg. Il avait un autre scénario en tête que Monsieur Von Sternberg n'a pas aimé. Il fallait trouver une histoire qui convînt à Jannings. À la fin, le choix tomba sur le *Professeur Unrat* de Heinrich Mann, un écrivain relativement peu connu, qui vivait dans l'ombre de son frère, Thomas Mann.

Les vedettes européennes établies à Hollywood longtemps avant moi n'avaient aucune raison d'envier une débutante dont la carrière était encore incertaine. J'ai rencontré Adolphe Menjou. Il était mon partenaire dans mon premier film américain (*Morocco*). Les autres se sont cantonnés dans leur propre cercle d'amis. On allait très peu les uns chez les autres. La première année, j'ai tourné dans deux films qui exigeaient d'apprendre le texte, de se prêter à des essayages incessants, de se faire photographier à longueur de journée, de passer des heures à poser. Le soir, il m'a fallu écouter les instructions de Monsieur von Sternberg et corriger les éventuelles erreurs dans le texte appris par cœur. J'ai aussi besoin de beaucoup dormir. Je n'ai pas senti que le travail fût « dur ». J'avais appris à travailler dur. J'avais un dessein bien défini : satisfaire au mieux Monsieur von Sternberg et répondre à ses espoirs. C'est ce qui fait l'actrice. Dans un film, vous jouez le rôle d'une pute vulgaire ; et dans un autre, celui d'une dame élégante. Le maintien, le ton de la voix, le maquillage, les robes et l'angle des prises de vue vous aident à créer des personnages très contrastés. Pendant que je jouais une fille de bas étage dans *L'Ange bleu*, je jouais chaque soir au théâtre une dame comme il faut, pendant tout le tournage.

J'étais trop bien élevée (pour avoir des discussions violentes avec mes metteurs en scène). À part Fritz Lang, les metteurs en scène avec qui j'ai travaillé étaient tous des amis – Frank Borzage, René Clair, Billy Wilder. Il en sera de même pour les westerns tournés par les studios Universal [Marlene disait les Universal Studios]. Au début, j'ai suivi les choix de Monsieur von Sternberg. Il était le maître, j'étais la marionnette heureuse. [Puis] j'ai eu le bonheur d'avoir les metteurs en scène les plus doués et les plus talentueux de l'industrie.

Je n'ai jamais travaillé avec Chaplin. Je le connaissais. Dans la vie, il n'était pas drôle du tout. Il aimait, adorait, sa propre personne et ses succès. Il ne m'attirait d'aucune façon. Les vraies actrices étaient Joan Crawford, Carole Lombard, Jean Harlow, Bette Davis. Pour les autres... C'étaient des dames gentilles et ordinaires : aucune d'elles ne ressemblait aux rôles qu'on leur donnait régulièrement. Le mystère était joué, pas vécu. À part John Barrymore, [les hommes] n'étaient ni trop intelligents ni trop doués. On les a pris au cinéma à cause de leur apparence... [Gary Cooper] n'était ni intelligent ni cultivé, mais pareil aux autres acteurs de l'écran qu'on choisissait pour leur beauté, ce qui, après tout, comptait plus qu'une cervelle active... Les acteurs de cinéma n'avaient pas d'ambition, rien que la vanité. [...] Charles Boyer était un homme mélancolique, intelligent, et par conséquent bien seul en pays étranger. [...] Quand on émigre, il faut accepter le bon et le moins bon.

[...] Tourner un film se fait par morceaux. Vous disposez de beaucoup de temps pendant que les caméras se préparent à la prise suivante. Toutes les intentions que vous aviez s'effacent. Il vaut mieux écouter, regarder, suivre les ordres. Cette notion de symbole (qui s'est attachée à moi) n'a pas pénétré dans mon univers. Plus tard seulement, quand la presse mondiale en a fait usage, elle m'a causé de l'ennui. Je ne sais pas non plus où est née la notion du “mystère”. [...] J'avais toujours des amis très proches, qui n'appartenaient pas nécessairement au monde du film. Hemingway, Noel Coward, Kenneth Tynan m'apportaient plus d'inspiration et de joie qu'on ne peut en désirer.

À part Monsieur Von Sternberg, j'aimais travailler avec Frank Borzage. Il était le plus doué et le plus attentionné des metteurs en scène. Ses ordres étaient à la fois stricts, clairs et simples à exécuter. *Désir* que j'ai joué sous sa direction, a été l'un des plus grands succès de la décennie. [...] J'attendais les directives avant d'oser ouvrir la bouche. Comment pouvait-on discuter avec un Billy Wilder ou un Ernst Lubitch ? L'intérêt que je portais à la photographie faisait que j'accueillais volontiers les interruptions. Tous les jours, je profitais de l'expérience des cameramen. [...] Tous les films de M. Von Sternberg étaient ses créations intégrales. Il est possible qu'il ait tenu compte de mes expériences ou de mes attitudes, mais, de manière générale, c'est lui qui déterminait les attitudes et les aventures de mon personnage. [Entre les films], je menais une vie normale : femme d'intérieur, mère, je surveillais les employés, j'aidais qui en avait besoin, je signais la correspondance dont s'occupaient mes deux secrétaires. Je n'habitais pas une grande ville mais Hollywood. Il n'y avait pas de concerts importants ni de premières comme dans les grandes cités. Nous étions bien isolés, même de Los Angeles. [...] Les littératures française et allemande occupaient mes soirées. À l'époque, je n'avais pas de remords sur la conscience. (Je fréquentais les hommes de l'intelligentsia) [...] Parfois, l'argent attirait ces hommes vers notre village. Pas bien souvent ! [Erich Maria] Remarque était plus qu'une comète de passage. Il est resté de longs mois, et son besoin de moi occupa ma vie de plus en plus. Son esprit tragique se nourrissait de mon optimisme naturel. Il avait peur de s'être vidé de l'écriture, comme il disait. C'était la cause de sa tristesse permanente. Une âme fragile dans un corps fragile. Je n'ai jamais rencontré Greta Garbo. [...] Je suis devenue américaine après cinq années de résidence. C'était conforme à la loi. J'ai demandé ma naturalisation après les premiers discours de Hitler et après qu'il eut dévoilé ses plans. [...] Oui, j'ai été sollicitée [par Goebbels]. Je n'ai jamais répondu. Il n'était pas question pour moi de penser une seconde à retourner en Allemagne. Nous étions fort bien informés en Amérique. [...] Je n'ai jamais été ambitieuse. Mon devoir : là était mon ambition. [...] J'ai aidé des victimes du nazisme à s'échapper et à se réfugier en Amérique. J'aurais tort de revenir là-dessus. Ce serait se montrer égoïste et vaniteuse [...] Une foi anti-nazie et avec ferveur, toujours anti-nazie. (Après Pearl Harbour)... Nous, les acteurs, nous avons pu nous produire devant les militaires, sur le sol étranger. Venir en aide de cette manière a toujours été une religion pour moi. [...] Dès que j'en ai eu l'occasion, j'ai commencé à divertir les soldats américains. Je ne passais pas en solo [...] Je suis restée jusqu'à la fin de la guerre en Europe. J'ai vu toute la misère : on ne saurait la décrire. Notre seule présence donnait l'espoir que les balles ne siffleraient pas. Parfois, nous dansions avec les soldats, quand il y avait un accordéoniste parmi nous. Rencontrer une vedette de cinéma célèbre les remplissait de respect et d'admiration. Mon groupe à moi n'a été envoyé ni en Angleterre ni en Normandie. Mais nous avons participé à la bataille de Bastogne. Oui, nous avions tous "les foies" Tous ! Mon rôle était de distraire les soldats sur un sol étranger et de leur donner l'occasion de rire un peu pour qu'ils oublient pendant quelques instants leur mission tragique. »

***

Orson Welles : « Nous savions tous qu'il avait du génie. Il m'a choisie comme amie. Il a enrichi ma vie pendant plusieurs années. Il m'a finalement donné un rôle dans *La Soif du mal*. Sa gloire a encore grandi après sa mort. Personne ne doute plus de son génie. Nous pleurons en silence. Les applaudissements vous apportent « le lait et le miel », ce qui n'est pas le cas du plateau dans les films. Il est également plus facile de travailler le soir qu'aux aurores. J'ai toujours haï ma légende. (J'ai choisi Paris). Mon amour pour la France date de ma jeunesse. Je n'ai vécu à New York et à Londres que lorsque mon travail y exigeait ma présence. Libre de mon temps, je retournais toujours en France. D'abord, je descendais à l'hôtel mais dès que j'ai entrepris de faire le tour du monde, j'ai loué un appartement à Paris pour y garder mes effets personnels et y revenir entre mes voyages.

J'étais très liée avec Édith Piaf. Je l'adorais. Je l'admirais comme professionnelle. Je n'ai rien à dire de François Truffaut, d'Alain Delon, de Gérard Depardieu, de Catherine Deneuve…

Le monde est une explosion de violence. Il est naturel que les films reflètent l'atmosphère du temps. La

France est un pays plus poétique que les autres. Je cite Ernest Hemingway « *Dans cette vie, Dietrich fixe ses propres commandements de décence et de conduite, qui ne sont pas moins stricts que les Dix Commandements originels.* » J'ai abandonné Goethe quand j'ai été secouée par le génie de Rilke. Je relis Rilke tout le temps. Il a créé des mots. Mon amour de la poésie est plus fort que celui de la prose. J'ai oublié Heine depuis longtemps. Nous nous sommes nourris à satiété de Shakespeare – jusqu'à rendre l'esprit.

[Mon acteur favori] n'est pas seulement un divin acteur, mais un producteur, un cameraman, etc. La compétence incarnée ! Il est brillant, il est beau, il est intelligent, il est patient et gentil, il fait ses propres lois, il vit la vie qu'il veut, il ne se soucie pas de la publicité, il protège sa vie privée, il a toutes les qualités que j'admire chez un homme. Mon idole : Robert Redford. [La gloire] apporte joie et satisfaction aux écrivains, aux inventeurs, aux créateurs. Il en est de même pour quelques acteurs qui se sont donné la peine d'y accéder. Les acteurs de cinéma peuvent l'accepter s'ils y tiennent. Mais ils ne peuvent s'en défaire. La gloire les poursuit, les gêne, les torture, quoi qu'ils fassent. On déforme leur vie privée, que l'on livre en détail, on la réinvente pour que les journalistes en remplissent leurs colonnes, de sorte que cette vie devient un enfer sur terre. Jadis, les studios protégeaient leurs vedettes, puis ce fut le pouvoir de la presse qui l'emporta et rien n'empêcha plus les serpents dans l'herbe de répandre leur poison, en échange de pièces sonnantes. Les gens ajoutent foi à ce qu'ils lisent. La presse possède un étrange pouvoir : souvent un pouvoir gaspillé. »

4.

Sa chambre devient son univers

Après le mois de janvier 1980, Marlene s'étant blessée en tombant, elle ne quitta plus son lit. Elle s'est donc organisée pour y vivre jour et nuit. Sa femme de ménage faisait ses courses tous les jours et achetait à sa demande ce dont elle avait besoin. Sur son lit, un petit réchaud électrique lui permettait de cuire ou de réchauffer ses repas. Elle mangeait des légumes, du poisson, des fruits. De mon côté, je lui apportais des plats que je lui préparais chez moi, et souvent un pâté aux six légumes qu'elle aimait beaucoup. Avec ses accidents, je peux dire que Marlene Dietrich était devenue alcoolique ! Pas tout le temps, mais quand elle s'y mettait, elle buvait plus d'un litre de whisky par jour… Ce n'est pas rien. Alors, elle se métamorphosait en une autre personne, méchante, agressive. Et puis pendant des semaines, elle ne buvait plus.

Au début de notre relation, j'arrivais chez elle vers onze heures du matin. Je m'acquittais du travail qu'elle avait préparé, puis elle m'invitait à rester déjeuner. Mais nous ne déjeunions pas ensemble ; elle se tenait à l'autre bout de la table et me contemplait. Jamais elle ne s'asseyait. On aurait dit qu'elle avait besoin de s'occuper de quelqu'un, sans participer. Si je la complimentais sur un plat, elle me le servait tous les jours. Je lui ai dit que des travaux m'obligeaient à venir seulement l'après-midi. Alors j'ai changé mon horaire. Elle me chargeait d'un important travail de secrétariat. En effet, elle recevait chaque jour vingt à trente lettres, souvent davantage, auxquelles

Marlene tenait à répondre. Le courrier venait surtout d'Allemagne, mais aussi d'Amérique, de Russie, d'Israël, d'Amérique latine. Derrière ses lunettes, elle prenait le temps de tout lire, puis de répondre. La plupart des lettres contenaient des demandes de photos. Cela pourrait paraître facile ; c'était très cher ! Toutes ces copies de photos, tous ces frais de poste... Ainsi fut-il décidé de ne satisfaire que ceux qui envoyaient de l'argent.

Pour en revenir à la vie quotidienne, en arrivant chez Marlene après l'accident de janvier 1980, je me rendais directement dans sa chambre, puisqu'elle ne quittait plus son lit. Entre autres, elle s'y lavait. La femme de ménage lui apportait de l'eau chaude et tout le matériel nécessaire. Elle se lavait aussi elle-même les cheveux. À cette heure-là, elle était coiffée mais pas maquillée. D'ailleurs, depuis qu'elle avait travaillé avec Maximilian Schell – j'en reparlerai –, elle ne se maquillait presque plus jamais. Sans maquillage, sans artifices, sans vernis à ongles, elle était restée très belle et, bien qu'elle eût manqué d'exercice, n'avait pas pris un kilo.

Nous échangions quelques mots en anglais, et je me mettais au travail. La plupart du temps, il s'agissait des brouillons qu'elle avait posés sur la table à côté de son lit ; je les prenais et m'en allais au salon où je disposais d'une machine à écrire et d'une photocopieuse. La politique n'était pas vraiment l'un de ses sujets de conversation, bien qu'elle eût eu pendant et après la guerre une attitude parfaitement claire, en opposition avec le régime nazi, ce qui d'ailleurs, lui avait valu de sévères critiques lorsqu'elle avait refusé de revenir en Allemagne. Pour chanter. Car elle y avait fait un court passage en 1945 afin d'enterrer sa mère. Un jour, le maire de Paris, Jacques Chirac, lui a téléphoné. Elle était ravie. Leur échange dura longtemps. Elle cultiva ce contact, au cas où sa fille aurait besoin de lui ! Ils se parlaient souvent, elle et lui, mais pas forcément de politique. Jusqu'à la fin de sa vie, elle ne garda d'autre lien avec l'extérieur que le téléphone et, naturellement, plutôt quand je n'étais pas là. Mais je voyais les notes astronomiques... En général, elle parlait anglais. Une fois, elle a dérogé à cette règle en usant de sa langue natale, l'allemand ; elle négociait avec un musée de Berlin, à propos d'un projet qui devait lui rapporter de l'argent. Elle m'a demandé d'appeler le directeur à qui elle voulait parler. Je l'ai fait en allemand ; elle a compris alors que je possédais assez bien cette langue. Son correspondant voulait l'interviewer. Comme d'habitude, elle a trouvé une bonne excuse pour ne pas le recevoir. Après quelques discussions, il a été décidé qu'elle enregistrerait une conversation avec lui. Elle lui a demandé de lui envoyer ses questions et les réponses furent également prévues. Ainsi, a-t-elle pu travailler avant l'enregistrement. Elle a rédigé ses réponses de sa grande écriture et je tenais le papier devant ses yeux tandis qu'elle les lisait dans le récepteur téléphonique. Une sorte de prompteur. Aimait-elle à boire un thé vers cinq heures ? J'avoue que je l'ignore car je partais chaque jour à seize heures. Mais ce que je sais bien, c'est que, moi dehors, elle poursuivait jusque tard dans la journée ses interminables coups de téléphone.

Au fil des ans, la situation physique de Marlene s'est évidemment dégradée tout comme sa situation matérielle. Elle avait, en particulier, de gros soucis avec son appartement, dont elle ne payait pas les charges ni le loyer… Les propriétaires, des Belges richissimes, lui ont envoyé plusieurs fois des huissiers pour procéder à une expulsion. Louis Bozon s'est occupé de cette affaire ; il a mis en vedette le grand âge de Marlene, évitant ainsi l'expulsion. Il n'a pas fait grand-chose d'autre pour elle, mais ce n'était déjà pas mal. Peu à peu, la vue de Marlene baissa ; lire la fatiguait, elle, une lectrice passionnée ! Il lui aurait fallu d'autres lunettes, adaptées à sa vue. Mais il était hors de question qu'elle consultât un ophtalmologue ou même un simple opticien ; toujours cette hantise de se montrer en vieille femme, édentée de plus, car elle commençait à perdre ses dents jadis éblouissantes. Je lui ai bien proposé de lui amener mon dentiste. Non ! Elle préférait souffrir à laisser un homme – ou une femme – la voir telle que la vie avait rongé sa beauté voluptueuse. Cette attitude achevait de ruiner sa santé. Et pourtant, le monde autour d'elle continuait à l'entourer, même si personne n'avait plus le droit de la voir, en tout cas personne qui eût pu divulguer l'image d'une vieille femme substituée à la splendide créature dont on n'imaginait pas qu'elle avait disparu dans les abîmes de la vieillesse. Parmi tant d'admirateurs éperdus, un homme l'appelait de Californie, ou bien elle l'appelait ; il la conseillait sur la façon dont elle devrait se soigner. Une Allemande lui téléphonait tous les jours, après avoir compris que la grande Dietrich connaissait des soucis financiers. Plusieurs fois, elle lui fit parvenir de petites sommes. Par contre, certains de ses interlocuteurs qu'elle n'avait jamais rencontrés enregistraient secrètement leurs conversations afin d'en tirer profit après sa mort. Ce qui arriva, hélas ! Nous ne l'avons appris qu'après sa disparition.

Voilà ! Marlene Dietrich a confié ses sentiments à mon mari, un an avant qu'elle ne mourût. Elle n'était pas à proprement parler méchante (sauf ivre), mais elle avait la dent dure, y compris contre elle-même. C'était une femme prodigieuse, éprise de liberté et d'ordre. Dans sa chambre, sans plus voir personne, elle recevait le monde entier grâce à la télévision et au téléphone. Au pied de son lit, il y avait une télévision ainsi qu'une chaise roulante. À gauche du lit se trouvait une étagère où elle posait son carnet d'adresses, ses feuilles de papier, ses crayons, ses stylos, les livres qu'elle lisait et l'objet le plus important dans sa vie, le téléphone. Sur la droite, on voyait une table basse qui supportait une plaque électrique où elle réchauffait ce qu'elle avait envie de manger et en dessous les diverses bouteilles dont elle avait besoin, le whisky J&B, notamment ! Sur une autre petite table, on voyait ses vitamines, ses médicaments, ses somnifères. De l'autre côté de la table basse, on rangeait les poubelles. À l'autre bout de la pièce, une chaise où je m'asseyais pour travailler avec elle. La grande fenêtre sur sa gauche était équipée de cordes ; on pouvait les relier à ses poignets de sorte qu'elle pouvait l'ouvrir ou la fermer quand elle était seule. Ayant tout organisé ainsi, après avoir confié les clés de son appartement à huit personnes au moins dont le gardien, elle donnait encore aux autres et surtout à elle-même l'illusion qu'elle continuait à contrôler sa vie. L'appartement, 12 avenue Montaigne, était assez grand, 100 m^2 environ. On y pénétrait par une grande entrée où l'on voyait un lit et une table bureau ; faisait suite un grand salon aux murs couverts de photos (Gabin partout) et deux grands pianos. Une belle cuisine, une salle de bains et la chambre à coucher complétaient l'ensemble. Marlene et son propriétaire ont toujours eu des conflits d'argent. Quand elle a loué cet appartement, les locataires ne payaient pas les charges ; puis la loi a changé. Et Marlene ne l'a pas admis. Elle était tellement têtue ! Son avocat s'occupait de cette affaire qui a duré des années. Elle a reçu d'innombrables exploits d'huissier, la justice a été saisie et enfin il ne resta qu'une solution : payer les charges ou être expulsée. Elle aurait dû bien sûr acheter un appartement à Paris du temps qu'elle gagnait des fortunes. Un ami lui avait conseillé de louer plutôt : c'était moins cher. Son mari, en revanche, la poussa dans la voie contraire ; il lui recommanda l'achat d'un appartement à New York. Elle avait confiance en lui et lui en elle ; elle acheta donc un fabuleux appartement à New York, mais pas à Paris. Son appartement parisien, au 4e étage, donnait sur des jardins. Outre ses placards pleins de sa légendaire garde-robe, elle conservait des vêtements à la cave. Toutes ces reliques sont à présent exposées au musée Marlene Dietrich à Berlin. Durant les premières années, nous avions mis au point une routine d'activités ; elle concernait sa correspondance autre que les lettres destinées à ses fans dont elle s'occupait seule ; la dactylographie et les photocopies des nouvelles pages de son autobiographie, la recherche de tel ou tel objet qu'elle avait déplacé et dont elle avait besoin. Puis, plus tard, elle s'est concentrée sur la recherche de nouvelles sources de revenu. Ses deux agents, le Français Eddy Marouani et l'Anglais Terry Miller essayaient de lui trouver de nouveaux projets. À partir de cette époque, elle me demanda de signer ses lettres de mon nom, en particulier quand elles étaient négatives. Je décidai donc d'utiliser un pseudonyme. Dans ma jeunesse, j'avais beaucoup admiré l'actrice Bette Davis et comme mon deuxième prénom est Elizabeth, j'adoptai Elizabeth Davis, ou plutôt E. Davis. J'ignorais alors que sa sœur s'appelait Elizabeth. Elle n'a d'ailleurs mentionné que deux fois le nom de sa sœur en ma présence ! Après son rôle dans *Just a Gigolo*, Marlene a repris la rédaction de ses mémoires ainsi que la correction de la traduction allemande réalisée par Max Colpet. Elle aimait à rappeler que Max Colpet avait été sauvé d'un camp de concentration grâce à une somme d'argent qu'elle et un groupe d'amis acteurs avaient envoyée en Suisse à un certain M. Engel.

Un vieil ami à elle, le journaliste Paul Giannoli, s'interposa entre Marlene Dietrich et les éditions Grasset chez qui elle signa le contrat d'édition de son livre.

Quant à l'un de ses tout derniers projets professionnels, le documentaire que tourna sur elle Maximilian Schell, le frère de l'actrice Maria Schell, elle s'y prêta en refusant d'être vue dans le film. Afin d'éviter d'être prise pour une invalide, elle s'habilla en survêtement et se déplaça dans le salon en chaise roulante, parce qu'elle s'était blessée à la hanche en faisant son jogging, dit-elle... On ne la voit donc pas dans le film, mais on l'entend. Qu'elle s'exprimât en anglais ou en allemand, sa voix est celle d'une alcoolique, agressive et parfois cruelle. Nos dialogues ne relevaient pas toujours des rapports amicaux. Je n'oubliais jamais qu'elle était devenue une vieille femme plus pitoyable que critiquable, mais j'ai encore dans les oreilles le ton dont elle usait avec moi, qui faisais pour elle ce que je n'ai pas fait pour ma propre mère, morte à cent ans.

Marlene : Connaissez-vous un nom de tranquillisant ?

Norma : Non je n'en connais pas. Je crois qu'il y en a un qui s'appelle Equanil.

Marlene : Appelez le pharmacien et demandez-lui d'en trouver un pour moi. Dites-lui que vous viendrez le chercher cet après-midi.

Norma : Pourquoi ne regarderais-je pas dans le couloir ?

Le long couloir de l'appartement entre l'entrée et la chambre de Marlene comportait des placards d'un côté et plusieurs tiroirs de l'autre, remplis de toutes sortes de médicaments.

Marlene : Vous ne VOULEZ pas appeler la pharmacie ? Je l'appellerai moi-même ; j'ai le numéro.

Norma : Moi aussi. Entendu, je vais appeler.

Après quelques minutes

Norma : J'ai appelé. Il existe un médicament appelé Temesta. Le pharmacien en a mis deux boîtes de côté pour vous.

Le lendemain

Norma : Avez-vous pris le temesta ?

Marlene : J'ai parlé avec Maria. Ma fille m'a dit de ne pas en acheter, il y en a des tonnes dans le couloir. Elle a ajouté : « Si Norma avait un peu de bonne volonté, elle regarderait, elle, dans le corridor. » *(Elle répéta cette phrase trois fois comme un disque rayé.)* Finalement, c'est la petite bonne portugaise qui a trouvé ces médicaments.

Ainsi que je l'ai mentionné, je me suis fâchée avec Marlene Dietrich trois fois, mais elle appartenait à une race que l'on n'abandonne pas, malgré les injustices dont elle pouvait se montrer capable. Je voudrais simplement rappeler que je l'ai aimée et que je n'ai jamais douté de son amour-amitié pour mon mari et pour moi. Lettres, photos dédicacées, poèmes en témoignent à jamais. Pour ne citer dans ce chapitre qu'un seul de ces témoignages, lisez celui-ci :

« Mon cher amour, je ne sais pas les mots pour vous remercier de votre attention. Je ne suis qu'une simple cuisinière prête à vous servir. Ha, ha… Marlene. »

Et celui-ci :

« Pour Norma, une fois de plus, la survivante de l'amour. » (To Norma again, the love survivor. Marlene !)

J'en détiens d'innombrables.

La première fâcherie entre Marlene et moi eut lieu environ deux ans et demi après notre première rencontre. Je répète qu'elle vivait la plupart du temps dans son lit et que, après avoir bu quelques verres de whisky, elle se montrait agressive. Ce jour-là, comme nous étions tranquillement en train de travailler à ses Mémoires, elle m'a dit d'un ton très dur : « Votre mari est fou. » Elle ne faisait que répéter les propos de Louis Bozon, mais je compris aussitôt que, sans que je sache pourquoi, elle cherchait à me provoquer et à déclencher une dispute. Ceux qui me connaissent n'ignorent pas que l'on ne touche pas à Alain Bosquet ; c'était vrai de son vivant et maintenant de sa mémoire. J'ai donc interrompu immédiatement l'ouvrage en cours, je me suis levée d'un bond et je suis partie sans demander mon reste. Une semaine de séparation ne s'était pas écoulée, Marlene a téléphoné chez moi et m'a demandé de revenir. J'ai accepté. Nous avons repris le travail. Elle vivait dans une solitude qui confinait à la détresse. Il faut se représenter cette femme qui avait eu le monde à ses pieds, qui avait été la beauté sur la terre et qui, désormais, pour laisser d'elle une image légendaire, se cachait telle une pestiférée.

Notre deuxième dispute – vers 1981 – fut encore plus grave. Elle m'a insultée comme ça, pour rien. Je ne l'ai pas supporté et j'ai cessé d'aller avenue Montaigne. Puis, j'ai été engagée pour un travail de secrétariat à mi-temps chez l'ambassadeur des États-Unis. J'en ai profité pour accumuler un nombre de points suffisant pour bénéficier de la sécurité sociale américaine ! Lorsque Marlene a retéléphoné chez nous, c'est Alain qui lui a répondu. Ce fut le début de leur amitié par téléphone. (Voir *Marlene Dietrich, un amour par téléphone*, Alain Bosquet, éditions de la Différence, Paris, 2002.) Marlene aimait les poètes. De plus, elle respectait les gens qui avaient participé à la guerre sous l'uniforme américain. Précisément, le poète Alain Bosquet était le seul écrivain français qui avait fait la guerre dans trois armées, la belge, la française, l'américaine. De plus, il parlait l'allemand. En décrochant le téléphone, il s'est exprimé avec elle dans cette langue. Elle a dit : « Mais vous parlez exactement comme mon mari ! Vous avez l'accent de Berlin ! » J'ai fini par me réconcilier avec elle sous condition qu'elle ne me verserait plus de rémunération. De toutes façons, elle me payait très mal !

Sa chambre devient son univers

La troisième fois, ce fut en 1986. Je n'en pouvais plus et notre bouderie a duré plusieurs semaines. J'écris « bouderie » car, avec le temps, tout cela ne m'apparaît pas comme bien sérieux. Mais je vous prie de croire que, de vivre dans l'intimité de cette impératrice du caractère, usait le tempérament. Elle ne manqua pas de faire intervenir mon mari (elle s'y connaissait en psychologie) et curieusement, c'est après cet incident que nous sommes devenues de véritables amies. « Je ne vous abandonnerai plus jamais », lui ai-je dit en constatant sa tristesse et son désarroi. Dès lors, elle agit avec moi comme elle aurait aimé le faire avec sa fille. Sa fille qui refusait de la faire venir avec elle à New York. Et pourtant, elles se téléphonaient tous les jours, et peut-être Maria en profitait-elle pour prendre des notes aux fins de son livre sur sa mère ? Marlene adorait sa fille, qui la détestait. On sait néanmoins que, contrairement aux grandes stars de Hollywood qui ne se montraient pas avec des enfants, Marlene emmenait sa fille sur les tournages ; elle lui a même fait jouer le rôle de Catherine II petite dans son chef-d'œuvre *L'Impératrice rouge*. Quand je l'ai rencontrée en 1978, elle m'a dit sur sa mère des réflexions du genre : « Ma mère ne pense qu'à elle », « Elle est égocentrique », « Ce n'est qu'une vieille pocharde »... Cependant, je dois à la vérité de dire que, à la fin de sa vie, et sur les conseils d'un ami, Marlene buvait moins de whisky et plus de vin. C'était mieux, mais les observations de Maria m'avaient terriblement choquée.

5.

Une femme comme les autres ?

À en croire Marlene, c'était son rêve que de vivre la vie d'une femme simple et heureuse, quand elle ne tournait pas. Je ne puis, pour ma part, qu'évoquer ses quinze dernières années, mais je l'ai connue assez alerte encore pour s'occuper de sa maison. Je n'ai jamais bien su pourquoi elle exécrait les fleurs coupées et adorait les plantes vertes. Comme elle était restée, dans le cœur du public, une personnalité très « people » ainsi que l'on dit à présent, les gens lui envoyaient des fleurs à toute occasion. Par exemple, lors de son quatre-vingt-dixième anniversaire en 1991, elle en reçut du monde entier et ne trouva rien de mieux que de nous les donner, à Alain Bosquet et à moi ! « Notre appartement ressemblait à un cimetière », a écrit Alain... Nous distribuâmes des bouquets autour de nous à des amis parfois éberlués d'être fleuris sans raison ! Ce n'est qu'un exemple ; il y en eut beaucoup d'autres. Peut-être n'aimait-elle pas l'idée que, en sectionnant les tiges des fleurs et en les séparant de leurs racines, on les tuait ? C'est une idée qui prévaut dans la religion juive où l'on n'envoie pas de fleurs aux enterrements ; or, Marlene a toujours manifesté la plus vive sympathie pour les Juifs même si elle m'a confié un jour douter si Dieu existait. Dès l'année 1977, elle cessa de voyager pour son tour de chant, non que le public s'en lassât, bien au contraire, mais, l'os au-dessus du fémur ayant été fêlé dans une chute, elle avait du mal à marcher et ne pouvait plus se produire sur scène. Évidemment sa vie changea du tout au tout, ne fut-ce que parce que, du jour au lendemain, elle n'eut plus d'autres revenus que des droits occasionnels et sa retraite. Et nous le savons maintenant, Mademoiselle Dietrich avait toujours besoin d'argent. Quand il s'agit pour elle de tourner *Just a Gigolo*, elle choisit son ami Mago pour dessiner la robe qu'elle porterait. Il était venu de Suède, et les discussions concernant sa tenue durèrent plus d'une semaine. Il dessinait des croquis qu'il retouchait aussi souvent qu'elle lui donnait des instructions. Elle se montrait d'une exigence intraitable. Pourquoi ne voulait-elle porter que des bas dorés ? Par hasard, j'en possédais une paire qui ne m'avait jamais servi ; je la lui ai offerte. Au premier essayage, elle avait soulevé sa jupe devant moi, très haut : elle avait encore, à plus de soixante-dix-huit ans, de très belles jambes. Quelque temps auparavant, elle s'était mise en tête de me faire écrire le synopsis de *Just a Gigolo*... Ce n'était vraiment pas mon métier mais on ne résistait pas à Marlene Dietrich. J'ai écrit le scénario et elle s'est concentrée sur son rôle où elle est sublime pour la dernière fois de sa vie. Après le tournage, elle a demandé que l'on recommence les scènes qu'elle ne trouvait pas très réussies. Le metteur en scène, David Hemmings a refusé. La seule vraie joie de Marlene, c'était de jouer. Alors, pour se consoler, elle rejouait la scène pour moi seule, interprétait la merveilleuse chanson du film, marchait dans l'entrée de son appartement comme si elle traversait un plateau de cinéma ou les planches d'un théâtre. J'éprouvais une grande émotion à voir cette déesse déchue tenter d'attraper au vol, pour une spectatrice, des fragments de sa gloire envolée. Malgré sa pudeur naturelle et sa répugnance à parler de sa vie privée (dont elle considérait qu'elle nuirait à sa légende), et comme j'avais dans sa vie une position de confidente, il lui arrivait de me parler de Jean Gabin. Quand il est mort, en 1977, peu après Rudolf Sieber son mari, elle a dit : « J'ai perdu mes deux maris. » On le sait, elle n'a jamais été mariée qu'à Sieber, le père de Maria, mais il est maintenant évident que Gabin fut l'homme de sa vie, au sens où une femme ne rencontre pas souvent un homme qui fait d'elle une vraie femme. On me comprend. Il l'appelait « la Grande ». De Gabin, elle conservait des articles de journaux le concernant. Elle l'admirait beaucoup et leur séparation intervint quand elle partit pour les États-Unis tourner un film. Elle avait quarante ans. À cet âge, il était improbable qu'elle eût eu des enfants avec Gabin qui en désirait plus que tout. Il a épousé une très jolie femme qui ressemblait à Marlene ! Ils ont eu des enfants ensemble ; Marlene avait eu l'occasion de voir Gabin avec sa future femme. Quel choc pour elle… Je reviendrai sur le sujet Gabin. N'oublions pas que Gabin était l'un des grands séducteurs du cinéma français. Avant la guerre, *Gueule d'amour*, *Pépé le Moko*, *Le Quai des Brumes*, *Le jour se lève* ; après la guerre, *La Marie du port*, *Razzia sur la chnouf*, *Voici le temps des assassins*, *La Vérité sur Bébé Donge*, et bien d'autres. Gabin et Dietrich ensemble, c'était à la fois mythique et impossible. Et Marlene donc, quelle séductrice elle aussi ! La femme fatale qui voulait être comme les autres. Et puis, leur métier comptait sans doute davantage que leur bonheur. Un mot à propos de Gabin avant d'en parler plus longuement dans un prochain chapitre. Un jour, Marlene me montra un étui à cigarettes en argent ; elle souhaitait le vendre mais je remarquai une inscription gravée à l'intérieur, qu'elle voulait faire effacer : « ta gueule, ta gueule, ta gueule… ». C'était un cadeau de Gabin ! J'ignore ce qu'il est advenu de l'étui…

Elle écrivait énormément : des douzaines de poèmes. L'un des plus émouvants, elle l'a composé pour Maria, sa fille unique. Nombre d'entre eux avaient un ton de tristesse et de désillusion. Un dimanche d'été, alors que Paris était vide, je suis passée chez elle par hasard. Je suis entrée dans un appartement envahi de fumée. Je me suis bien sûr précipitée dans sa chambre et je l'ai vue qui reposait, allongée sur ses oreillers, attendant la fin. J'ai aussitôt ouvert toutes les fenêtres de son appartement. Alors, elle me raconta qu'elle s'était endormie tandis que son repas réchauffait sur la plaque électrique et qu'elle avait été réveillée par l'odeur de la casserole en train de brûler. Elle avait jeté une bouteille d'eau sur la plaque, d'où la fumée. Mais la plaque électrique était tombée sur le sol qui avait pris feu. Quelques minutes plus tard, tout était fini… Une autre fois, un jour de juillet 1991, alors que presque tout le monde était en vacances, elle me téléphona peu après dix-neuf heures et me dit d'une voix complètement affolée : « Un homme est entré dans ma chambre et il a pris des photos de moi. Il n'est parti que lorsque j'ai fait mine d'appeler la police. » Sa panique était telle que je lui ai promis de venir tout de suite. J'habitais alors à quinze minutes de chez elle. Avant d'aller chez elle, j'ai interrogé le gardien, un homme jeune et séduisant, l'un de ceux qui faisaient des courses pour Marlene. Il m'assura que personne, absolument personne n'était entré dans l'immeuble ou n'en était sorti. J'ai tout simplement pensé qu'elle avait fait un cauchemar, ou inventé cette histoire. En me parlant, elle me donna davantage de détails ; en voyant cet étranger dans sa chambre la photographier tandis qu'elle regardait tranquillement la télévision, un choc l'avait paralysée. Elle avait eu la présence d'esprit cependant de jeter une serviette sur son visage. Elle avait fait semblant d'appeler la police d'une main incertaine qui ne trouvait pas ses lunettes. Puis, l'homme était parti après avoir pris une dizaine de photos. Voulait-elle que je prévienne la police ? Non ! Pour que les policiers la voient dans cet état... Elle appela sa fille à New York pour lui raconter son aventure, mais de publicité à ce propos, jamais. En partant, je revis le gardien. Je lui dis que pareille agression commise contre une vieille dame sans défense était un crime et que j'allais prévenir Interpol. Il me regarda avec de grands yeux innocents. Après mon départ, Marlene lui demanda de monter chez elle pour qu'il déplace le réfrigérateur devant la porte de service, dans la cuisine. Le lendemain, le gardien avait disparu. On apprit qu'il se droguait et qu'il avait « prêté » la clé au photographe contre monnaie, naturellement. Pendant ce temps, l'un des petits-fils de Marlene avait, en moins de deux jours, retrouvé la trace d'un journal allemand qui détenait les photos. Ils vinrent en Europe, sa mère et lui, pour essayer de récupérer les photos en discutant avec l'éditeur. Il accepta. En échange, il ne voulait qu'une interview de sa fille Maria, afin de démontrer son honnêteté. Il prétendit n'avoir pas vu le photographe, car celui-ci portait un masque. Le lendemain, Maria rendit les photos à sa mère. Elle n'était pas toujours mauvaise.

Dès alors, la santé de Marlene Dietrich se détériora davantage. Elle avait tout de même quatre-vingt-dix ans. Elle ne se sentait plus en sécurité chez elle et nous savons que sa fille ne voulait pas la prendre à New York. Elle n'avait plus les moyens de payer une bonne à plein temps ou une infirmière. Tous ses amis étaient ou décédés ou incapables de lui offrir une chambre chez eux. Ceux qui auraient pu l'aider se voyaient refuser de la rencontrer. De fait, il ne lui restait plus que moi, à Paris. Les derniers mois furent pénibles, aussi bien pour elle que pour moi. Elle perdait ses dents et ne voulait pas consulter de dentiste ; elle souffrait aussi de cataracte. Même si je la voyais tous les jours, elle me téléphonait souvent ; ou bien elle me demandait de lui rappeler les paroles d'une chanson qu'elle avait chantée des milliers de fois ; ou bien elle s'appuyait sur le moindre prétexte. Elle s'ennuyait ; il lui fallait parler à une amie. Elle continuait à chercher de l'argent, en ayant emprunté à tout le monde y compris à moi ; elle en demanda à quelques vieux amis de Hollywood mais n'obtint pas même une réponse, fût-elle négative. Puis, quelque temps après l'intrusion dans sa chambre, elle eut sa première attaque. Sa bonne m'appela dans la soirée ; je me précipitai chez elle pour tomber sur cette pauvre femme, assise par terre, adossée à son lit. Sa bonne et quelques employés de l'immeuble qui l'assistaient parfois, se tenaient là, sans savoir quoi faire d'autre que de la dévisager Je les ai priés de m'aider à la remettre sur son lit et j'ai appelé un médecin. En tombant, Marlene s'était coupée avec du verre cassé à hauteur de la hanche. La blessure, sérieuse, nécessitait des points de suture. Ce qui fut fait. Le chirurgien revint plusieurs jours plus tard, afin de retirer les fils. Il se présenta en retard de vingt minutes environ. Marlene, toujours sa pire ennemie, ne le laissa pas entrer. Elle comprit enfin, après une semaine, qu'il fallait absolument que les fils soient retirés devant le risque d'infection. L'un de ses médecins habituels s'en chargea mais, comme il était devenu très difficile de le faire, j'entendais, de l'entrée où j'attendais, la malheureuse Marlene hurler de douleur.

Malgré la précarité de ses finances, quand elle n'était pas sous l'influence de l'alcool elle recouvrait sa sensibilité, ses attentions et surtout sa générosité presque absurde. Souvent, comme elle avait appris que Alain Bosquet ou moi ou n'importe qui proche d'elle étaient souffrants, elle envoyait ses médicaments avec des recommandations pour leur usage. Quand sa bonne partit pour le Portugal en vacance, elle lui offrit son voyage. J'essaie de m'en tenir à la stricte vérité ainsi qu'à ce que j'ai vérifié par moi-même. La plupart des prétendues biographies de Marlene ont été écrites par des parasites qui ont soit recopié d'autres livres, soit répété des ragots, soit écrit n'importe quoi pour vendre. Comme exemple typique de sa générosité, il me revient une anecdote très caractéristique. Alain Bosquet adorait les courses de chevaux. Un jour, il voulut aller en Angleterre pour assister au Derby d'Epsom au moins une fois dans sa vie. J'avais essayé de réserver une chambre d'hôtel, des semaines à l'avance, sans succès. J'avais même téléphoné à une relation à l'ambassade américaine à Londres, mais non ! Finalement j'ai appelé le grand peintre Matta, qui vivait à Londres, un ami qui réussit à nous trouver une chambre bon marché. Quand j'ai raconté l'histoire à Marlene, elle me dit : « Pourquoi ne m'avez-vous rien demandé ? Je peux obtenir une chambre dans un bon hôtel. » Le lendemain, elle m'informa qu'elle avait réservé pour nous une chambre au *Savoy*, un fabuleux palace où elle descendait quand elle vivait et travaillait à Londres. Alain était très excité, même s'il se doutait que nous ne pourrions pas y rester longtemps. J'annulai donc notre première réservation et en route pour le *Savoy* ! On nous logea dans une suite magnifique et mon mari constata que nous avions de quoi y passer deux nuits. Au moment de payer, le directeur nous dit : « Oh non ! Miss Dietrich a demandé que nous vous considérions comme ses invités. »

Le 27 décembre 1991, « Miss Dietrich » fêta ses quatre-vingt-dix ans. Je ne sais si le terme convient, en tout cas Alain Bosquet lui écrivit la merveilleuse « lettre publique » ci-dessous reproduite. Cette lettre fut certainement la dernière grande joie de sa vie, elle qui devait mourir, je le rappelle, le 9 mai de l'année suivante.

> « Seul le temps a vieilli. Vous êtes, chère Marlene, immuable. Seul l'espace a rétréci. Vous êtes, chère Marlene, hors de celui-ci : présente mais à l'écart, appréhendant le monde mais décidée à ne laisser personne

s'approcher de vous. Il y a quelques semaines, au téléphone, vous protestiez contre les honneurs excessifs rendus à la dépouille d'Yves Montand. N'avons-nous pas quelque héros plus digne à célébrer ? C'est que jamais, dans votre lucidité ferme et ravageuse, vous n'avez cédé aux engouements faciles, aux tendresses molles, aux sanglots déraisonnables. Le poids des êtres et des choses, la mesure des âmes, vous les connaissez comme vous connaissez la conscience, avec ses méandres innombrables. Il y a quatre jours, vous m'envoyiez le texte d'une vieille rengaine allemande : une sorte de poème populaire avec ces mots accrocheurs : "Comment pouvais-je me dire heureuse sans toi ?" C'est que les flammes et les cendres de l'amour, vous les cultivez avec tant de maîtrise ! Pour un homme aimé, il faut toujours être prête, n'est-ce pas ? à partir à travers le Sahara, fût-ce en talons aiguilles et robe du soir, organdi, renard bleu et paillettes. Avant-hier, je recevais de vous un énorme bouquet de fleurs, comme tous les mois : c'est que vous n'aimez pas le spectacle de ces roses assassinées, diriez-vous, que déposent à votre porte vos admirateurs béats, maniaques ou tout sottement sincères, même si certains sont des hommes d'État. Pourquoi meurtrir la nature sous prétexte de vous plaire ? Et ce matin, une photo de vous vient s'ajouter sur ma table aux précédentes, que je garde avec soin : l'oubli n'altérera pas le visage le plus irrésistible de notre époque. Je songe à cette trilogie d'êtres que vous formez, complexe mais évidente. La femme a eu ses bons moments, selon votre expression : on vous a choyée et vous avez pu aimer les autres, dans la gloire comme dans la détresse. Ce devoir de vibrer, vous ne l'avez jamais trahi : vous êtes toujours une femme passionnée mais cinglante quand il faut. Les années de Berlin vous ont appris que derrière les lustres et les astragales se dressent déjà les potences. Vous avez traversé les tempêtes et les bonaces, sans pitié et sans retenue : le principal consistait à garder une apparence de déesse cravacheuse ou d'amante qui va jusqu'à comprendre l'incompréhensible, ce qui ne vous empêchait pas de préparer, aux heures creuses, la cuisine et d'essuyer les assiettes comme les larmes. Cette amoureuse multiple que vous êtes, je vous ai dit un jour qu'elle incarnait la noblesse du désir. Vous m'avez alors répondu : "Si vous m'aviez raconté cela du temps d'Erich Maria Remarque, il vous aurait cassé la figure." Mais vous ajoutiez : "Ou bien il serait devenu votre ami intime." Le deuxième être a peuplé les écrans, les albums et les mémoires. Vous m'avez déclaré, un matin de doute ravageur : "L'actrice ? J'en connais un bon nombre, dans ma génération, qui valent mieux que moi." Cela se discute. Chez la plupart, de Garbo à Crawford et de Bette Davis à Vivian Leigh on se dit qu'elles entrent bien ou moins bien dans un rôle, jusqu'à faire croire en lui, le temps d'un film. Vous, il ne vous suffit pas de paraître en femme fatale ou en passante de grand chemin : c'est à vous que s'adaptent vos personnages ou triomphants ou désespérés. L'impératrice rouge devient vous et elle se dissout, elle se perd en votre magie. Vous ne vous battez pas, sur le plancher rugueux d'un saloon, avec une autre femme : vous l'éliminez, au point que cinq ans plus tard on ne retrouve plus sa trace. Cet état second ne permet pas à la raison, et encore moins à l'analyse, de s'insinuer dans vos gestes, vos phrases ou vos silences. Vous les abolissez. Vous tenez tant à votre solitude ! Vous prenez tant d'infimes précautions contre les importuns, les obsédés ou les hommes de bonne volonté ! C'est qu'il faut, à tout prix, préserver votre légende. Vous vivez de votre mythe. Personne ne doit y toucher. Il y a quelques mois, un individu armé d'un appareil photo, s'est introduit chez vous, avec qui sait quelles complicités ? Votre réaction instantanée a été de cacher votre visage ; c'est en second lieu seulement que vous est venue l'idée de protester, de vous mettre en colère, d'appeler au secours. Vous ne reconnaissez qu'une vérité unique : ce paraître, qui ne doit pas s'altérer. En cet anniversaire, j'aurais pu vous envoyer quelque livre de poèmes comme vous les aimez : Rilke, Goethe ou Stefan George. J'aurais pu vous exprimer mille choses douces et bienveillantes. Vous n'êtes dupe ni de vous ni de vos semblables. Vous savez que les hommages flattent ceux qui les dispensent et très peu ceux qui les reçoivent. Au royaume des apparences, la vôtre reste indemne. Je vous assure chère Marlene, que le temps n'existe pas et que l'espace nous obéit : vous obéit. »

On le voit, les intermittences du cœur, les solutions de continuité qui troublent les harmonies amicales n'eurent pas cours dans les rapports entre un grand poète et la prestigieuse vieille dame qui avait dominé le monde du spectacle. À la générosité de Marlene s'ajoutait la fidélité, et son désir de ne plus se montrer ne se manifestait pas contre les autres mais contre elle-même, intacte dans les cœurs, telle une œuvre d'art qui ne vieillira pas.

Cette œuvre d'art avait été, jadis, une cuisinière émérite. Sa grande spécialité, le pot-au-feu, elle le servait aux dîners de Gilbert Bécaud où se rendait souvent le coauteur de ce texte en tant qu'ami intime du chanteur. Elle avait élaboré une recette spéciale pour Alain Bosquet, une salade au poisson, que j'ai appris à préparer tant mon mari la goûtait. Pour ma part, je préparais à Marlene un pâté de légumes aux six légumes de couleurs différentes, qu'elle adorait. Je le laissais toute une nuit avec sa gelée dans un moule, puis je le coupais comme un gâteau. Elle souriait de bonheur. Oui, en dépit de son penchant pour la boisson qui pouvait la rendre méchante, c'était une femme généreuse, adorable, attentionnée.

Alain Bosquet a eu avec Marlene une relation privilégiée, comme en témoignent ces notes que je feuillette aujourd'hui. « Elle a remis à un autre jour notre entrevue, et je lui en ai été fort reconnaissant. Marlene Dietrich n'allait tout de même pas m'offrir ces pauvres restes de Marlene Dietrich. Nous demeurerions à jamais des amis au bout du fil. » Cette relation lui a permis de recueillir des propos d'une incroyable franchise…

> « La maîtrise de soi comme la sagesse n'existent pas. Je me désintègre, c'est tout. Je ne sais pas ce que je dis et je ne vois que des ennemis autour de moi. Vous connaissez le mot *kake*, en allemand ? Le caca. La vieillesse, c'est le caca. Le reste est mensonge. Je suis du caca. La mémoire fout le camp. Je n'ai rien d'autre à dire. On m'a usée jusqu'à la ficelle, jusqu'à la corde : c'est ainsi qu'on dit ? Je ne suis plus qu'une très vieille femme, qui donne encore quelques coups pour faire croire qu'elle n'est pas tout à fait morte. J'ai vécu la plus grande partie de mon existence avec des êtres brillants. Ils ne sont pas semblables aux gens « comme il faut ». Ils vous excitent, de cerveau à cerveau, ils n'aiment pas les contradictions – ils les interdisent même – mais leur fantaisie vous inspire, et leur imagination vous aveugle instantanément. Ils exigent aussi l'obéissance et la dévotion, ainsi que le sens de l'humour, ce que j'ai toujours été heureuse de leur donner, heureuse surtout d'avoir été choisie, digne de leur attention, de leur temps donné et de leurs efforts. C'est une des raisons pour lesquelles j'ai vécu une vie réussie. »

Furieuse d'apprendre que Bette Davis vient de recevoir la Légion d'honneur (1987), Marlene écrivit à François Mitterrand pour lui dire que jadis on récompensait les gens qui s'étaient dévoués à la cause du pays ; maintenant, n'importe qui a droit au ruban. Et de rappeler que de Gaulle en personne lui avait remis la décoration… Elle ajoute que, pour la mériter, elle s'était exposée aux bombes sur le front.

Une femme comme les autres ?

Lundi de Pâques 1990. À huit heures du matin, Marlene appelle Alain : « Je ne voulais pas vous déranger. Garbo est morte et je vais condamner mon téléphone pour ne pas être importunée. Tout le monde voudra avoir mon avis ou me pousser à raconter des anecdotes. Je n'ai pas d'anecdotes, pas de commérages et pas d'avis. D'ailleurs nous ne sommes jamais rencontrées… »

Alain note : « Marlene est restée fidèle à son choix de vieille femme : soigner sa légende et taire tout ce qui peut nuire à celle-ci, de sorte que le résultat est absolument trompeur : pas d'aventures salaces, pas de coucheries, pas de remords, pas d'indiscrétions. Ses amants, elle ne les connaît plus. Sa sœur, proche des nazis, elle veut l'oublier. De ses premiers films et de sa vie dissolue : pas de trace ! Il reste le devoir, le travail, la conscience. »

Enfin, cette belle conclusion :

« Marlene est morte, d'un coup… Sa famille a donné au service religieux de la Madeleine toute la solennité voulue… J'y ai vu six ou sept cents personnes, ébranlées, émues, sincères. Les gens de la profession, retenus au festival de Cannes, ne se sont pas dérangés… Le drapeau français entourait la bière : elle n'était pourtant pas citoyenne de ce pays. Qui dira jamais sa ténacité, son caractère indomptable, sa farouche et profonde indépendance ? »

6.

Jean Gabin, un grand amour

Moncorgé était le vrai nom de Jean Gabin. Quand on saura que, en écrivant à Gabin, elle signait « Moncorgé », tandis qu'il tournait *Moontide*, son seul film américain, on comprendra quelle passion la dévora pour ce « frenchie », dont elle disait : « Il est beau, il est tendre, il a toutes les qualités pour combler n'importe quelle femme ». C'est également la preuve qu'elle aurait aimé l'épouser, porter son nom. Elle ne parlait guère des hommes qu'elle avait connus ; encore moins des femmes. Pourtant, Gabin tenait une place inhabituelle dans nos conversations. On l'a dit et redit, moi comme tout le monde, il avait été et restait son grand amour. Pourtant, elle me l'a dit plusieurs fois, il se comportait avec elle en homme brutal, tel que dans ses films. Oui, une brute ! Avec lui, c'était « l'amour vache ». Peu de gens savent qu'il la battait ; il faut croire qu'elle aimait cela ! En public, elle donnait l'impression de le dominer. Il ne se plaisait pas dans les soirées habillées, mais sa gaucherie amusait beaucoup Miss Dietrich. Avec elle, tout ou rien. Elle aimait Gabin à la folie et le détesta quand ils ne se virent plus.

Avant de continuer à propos de Gabin, j'aimerais dire deux mots de quelques-uns de ses amants, ou présumés tels. Hemingway et elle s'écrivaient ; elle avait caché cette correspondance dans un secrétaire, dans son appartement de New York ; quelle surprise pour elle de voir leurs lettres publiées dans la presse anglaise, des années plus tard ! Et le 10 avril 2007, le *New York Times* écrivait : « Une correspondance comportant trente lettres et télégrammes inédits du légendaire auteur américain Ernest Hemingway à l'actrice et chanteuse allemande Marlene Dietrich vient d'être mise au jour, révélant la profondeur de leur passion, bien que leur amour n'ait jamais été consommé ; Hemingway et Dietrich ont commencé à s'écrire quand il avait cinquante ans et elle quarante-sept. Cette correspondance dura jusqu'en 1961, date à laquelle l'écrivain se suicida ».

Quand elle me parlait de Bradley, c'était à sa solitude qu'elle faisait surtout allusion. Son aventure avec ce général n'a pas duré longtemps. Le général Patton l'adorait ! Le général Gavin, lui, la traitait comme… une pute ! Oui elle aimait les soldats, et spécialement ceux qui portaient des lunettes ! Elle annulait tous ses rendez-vous pour passer une heure avec Gavin… Je finis par penser qu'elle était masochiste. D'ailleurs son attitude à la fin de sa vie, stoïque, ne fut-elle pas celle d'un être qui supportait parfaitement la souffrance, la douleur morale ou physique ? Parmi ses échecs, il faut noter l'acteur italien Raf Vallone. Il faisait tourner toutes les têtes féminines. À Paris, lui était descendu à l'hôtel *Raphaël*, Marlene au *Lancaster*. Pour le séduire plus facilement, elle a changé d'hôtel. Du *Lancaster* au *Raphaël*, ce qui fit, soit dit en passant, un beau tapage médiatique… Un jour, elle l'a attendu dans l'ascenseur. Hélas ! (pour elle ou pour lui ?) Il ne lui a jamais cédé. « Je ne peux pas, prétexta-t-il, je viens d'être papa d'une petite Eleonora. » Des années plus tard, vieilli, il dut accepter que la petite fille posât nue dans *Playboy*. Marlene en riait toujours ! Elle me disait : « Eh bien, sa fille n'était pas l'ange qu'il voulait protéger… »

Un soir de juillet 1941, un ami de Gabin lui suggéra d'aller passer la soirée dans un cabaret appartenant à Arthur Lesser ; Gabin se désennuierait-il peut-être ainsi, son humeur s'améliorerait-elle, lui que la vie en Amérique menait à une sorte de neurasthénie, principalement due au désœuvrement. Il n'était pas à Hollywood la vedette que l'on aimait en France. Gabin ronchonna, comme d'habitude ; l'idée d'aller voir chanter Marlene Dietrich, si célèbre fût-elle, ne sembla guère l'exciter. On dit que Gabin trouvait Marlene jolie et intelligente, pour l'avoir vue deux fois, mais qu'il n'appréciait pas son entourage de… travelos. Il accepta malgré tout, faute de mieux. Comment eût-il deviné que cette soirée allait changer sa vie pour plusieurs années ? Étonnante coïncidence de la vie, leur amour se décide à *La Vie parisienne* de Hollywood en 1941, et Marlene voit Jean Gabin pour la dernière fois à *La Vie parisienne* de Colette Mars, en 1949, alors que Gabin est déjà marié avec celle qui ne le quittera plus, Dominique. Entre-temps, la passion aura fait son œuvre, positive autant que négative.

Parmi toutes les anecdotes qui illustrent cette passion, entre Gabin et Marlene, une me plaît particulièrement. La scène se déroule en Allemagne, à Landsberg. Le Général de Gaulle doit passer en revue plusieurs régiments, dont celui de Gabin qui se dresse à la tête de son char, mais au milieu de tous les autres évidemment et sans rien qui le distingue du commun des mortels. Tout à coup, il remarque, au loin, un étrange soldat, silhouette menue qui flageole en courant avec ses talons aiguilles et qui crie, de sa voix magnifique : « Jean, Jean, Jean… ! » C'est Marlene Dietrich, inspirée peut-être par l'un de ses rôles fameux, celui de la femme qui court dans le désert à la suite de son homme, Gary Cooper, pieds nus sans tenir compte du sable brûlant. Elle « sert » en Allemagne et n'a pas eu d'autre souci que d'accourir pour embrasser Gabin. On dit même qu'elle est parvenue à pénétrer dans la tourelle du char pour l'étreindre de plus près. Elle ne me l'a pas dit explicitement, mais je sais que sa présence en Allemagne en mai 1945, à peine quelques jours après la fin de la Deuxième Guerre mondiale (8 mai 1945) était due à une affaire familiale tout à fait déplaisante pour Marlene Dietrich. Sa sœur Elizabeth avec son mari avaient été les gérants de la cantine fréquentée par la Wehrmacht et par des SS, gardiens du camp de concentration de Bergen-Belsen de sinistre mémoire. Marlene a tout arrangé pour sa sœur et son mari avec les Anglais, mais ce n'était pas son sujet de conversation préféré.

À cette époque-là, tout était déjà fini entre eux mais seul Gabin le savait. Je voudrais citer une autre anecdote, qui n'est pas exactement à la gloire de Gabin et de Marlene, mais qui révèle parfaitement une partie de leur caractère. Il s'agit d'une histoire liée au film de Carné et Prévert, *Les Portes de la nuit*. Je la tiens de Michel Rachline avec qui je signe ce livre et qui fut un ami intime de Jacques Prévert ; celui-ci avait écrit pour ce film une chanson que devait chanter Marlene Dietrich. Elle refusa net. « Cette chanson est une merde ! » Gabin lui emboîta le pas. Ni Marlene ni personne dans ce film ne chanterait cette chanson ridicule. Marlene et Gabin avaient déjà signé leur contrat ; ils le rompirent et s'en allèrent tourner un film de Georges Lacombe, *Martin Roumagnac*, qui n'est pas aussi mauvais que l'affirmait Prévert mais fut un échec retentissant. Un débutant au cinéma chanta la chanson ; il s'appelait Yves Montand, et la chanson *Les Feuilles mortes*, c'est-à-dire l'un des plus grands succès de l'après-guerre, dont les droits auraient suffi, selon Janine Prévert, à faire vivre leur famille richement jusqu'à la fin. Mais *Les Portes de la nuit* ne firent pas mieux et la charmante mais inefficace Nathalie Nattier ne put faire oublier Marlene Dietrich. Dans les années 1970 Prévert en voulait encore à Marlene qu'il traitait de c… D'autant qu'un jour, elle lui téléphona pour lui demander une chanson « dans le genre » des *Feuilles mortes*. Tête de Prévert ou plutôt voix de Prévert qui hurla contre celle qui, à son opinion, avait failli ruiner le retour de Gabin, et causé l'échec des *Portes de la nuit*. C'était en 1946. Prévert n'en voulut pas aussi longtemps à Gabin puisqu'il le fit tourner en 1949 dans un chef-d'œuvre qu'il ne signa d'ailleurs pas, *La Marie du port* de Marcel Carné, où l'on découvre la merveilleuse Nicole Courcel et les cheveux blanchis d'un Gabin très séduisant encore.

Donc, Marlene rencontre Gabin à Hollywood. Comme il était français et que Marlene parlait sa langue, on lui demanda, comme toujours dans ces situations, d'aider Gabin à s'acclimater dans cet univers si peu fait pour lui. Elle devait traduire ce qu'il ne comprenait pas, trouver du café et du pain français et lui apprendre en même temps à parler anglais, car il s'était engagé à tourner dans cette langue. Elle faisait la cuisine pour lui et ses nombreux amis, et elle m'a souvent dit qu'elle préférait le rôle de cuisinière amicale à celui de mythe cinématographique. Elle avait été si dégoûtée par les drugstores qu'elle voulut se mettre aux fourneaux afin de n'être plus obligée d'aller dans ces endroits qui vendaient des Tampax et des déodorants à côté des hamburgers ! Était-ce de la fausse ou de la vraie modestie (j'avais beaucoup aimé sa cuisine), elle prétendait ne réussir que des plats simples comme son fameux pot-au-feu. Il y avait en Gabin, un côté enfant qui, comme toute femme, la touchait au cœur. Elle le comparait à un orphelin dont elle eût été la mère adoptive ! Elle faisait tout pour lui, à l'en croire ; ses contrats passaient par elle et c'était elle encore qui organisait sa maison. Gabin n'aimait guère Hollywood ; il s'y ennuyait de Paris et Marlene le soutenait de toute son âme.

Dans ses Mémoires elle avoue : « Je l'ai beaucoup aimé. » J'utilise le verbe « avouer » car ce n'était pas son genre de parler ainsi d'un homme. Je savais que de se rappeler avec moi le souvenir d'un aussi grand amour lui faisait du bien et que ce qu'elle déposait de la sorte sur son passé, représentait à ses yeux le masque de la tendresse pour cacher la passion. Autour de Gabin, on voyait René Clair, qu'elle ne trouvait pas sympathique ; Dalio, un homme charmant, et Jean Renoir, le metteur en scène de *La Grande Illusion* entre autres, qui venait dévorer des choux farcis et s'en retournait aussitôt sans avoir parlé, ou presque. Le génie de Marlene, avec tous ces déracinés, fut certainement de les avoir respectés dans leur génie à eux, d'avoir compris leur solitude et d'avoir tout entrepris pour la combler. Elle, allemande et antinazie, prenait soin de ces hommes qui avaient échappé à Hitler. Puis, Gabin voulut rejoindre les Forces françaises libres. Il ne pensait plus qu'à se battre. Comment Dietrich ne l'aurait-elle pas compris ? Elle disait : « J'étais sa mère, sa sœur, son amie – et plus encore. » Elle l'a même écrit, textuellement. Elle est venue lui dire au revoir quand il est parti pour le Maroc, mais elle est restée sur le quai. Ce fut bientôt son tour à elle de s'engager, et pendant longtemps ils n'eurent plus aucune nouvelle l'un de l'autre. Elle insistait aussi beaucoup sur la sensibilité de Gabin, dont elle pensait qu'elle restait moins perçue que son talent de comédien. Un dur, lui ? Une brute virile ? Marlene reconnaissait qu'il la battait mais comme je l'ai dit, elle aimait sans doute cela. Toujours est-il qu'elle a écrit dans ses Mémoires : « C'était l'homme le plus sensible que j'ai connu ; un petit bébé mourant d'envie de se nicher dans le giron de sa mère, d'être aimé, bercé, dorloté, telle est l'image que je conserve de lui. » Au risque de se répéter, elle disait que Gabin était le superhomme, « l'homme d'une vie », l'homme idéal après qui toutes les femmes s'épuisent à courir. Elle lui attribuait d'ailleurs les qualités les plus rares : la clarté, la transparence du cœur, la bonté, bien qu'elle reconnût en lui une « tête de mule » et souffrît de sa jalousie. N'oublions pas non plus qu'elle me parlait de Gabin dans les années 1980-1990 et que leur amour datait des années 1940. Le temps ne les embellissait-il pas ?

Après la guerre, leurs obligations professionnelles prirent le dessus ; Marlene revint en Amérique, elle et Gabin se téléphonaient souvent, mais l'un et l'autre étaient sans travail. –« Il y a trop longtemps qu'on ne vous a pas vus à l'écran », leur disait-on sans aucun tact. Ils répondaient – d'après Marlene – : « Salopards de civils ! » En 1946, Marlene est revenue en France tourner *Martin Roumagnac* comme je l'ai raconté plus haut. L'échec du film ne les aida pas à se retrouver, elle et Gabin. Ce fut au tour de Gabin de jouer au professeur avec elle. Cette fois, elle devait parler avec un accent populaire et Gabin le lui apprit. L'accent populaire, c'était sa spécialité ! Mais Dietrich, poussée par ses soucis financiers, repartit pour l'Amérique, où elle tourna *Les Anneaux d'or*, encore un mauvais film… Et Marlene Dietrich conclut, à propos de Gabin : « Moi, j'étais là pour le protéger. Il ne s'en apercevait pas. Il me considérait comme son égale. Il n'avait jamais connu cela. Je l'aimais… Je l'ai perdu comme on perd tous ses idéaux, beaucoup plus tard. Une fois rentré en France, je devins pour lui la servante conseillère… Mon amour pour lui resta fort, indéfectible. Il ne me demanda jamais de lui en donner la preuve. Gabin était comme ça. »

Marlene Dietrich n'a pas, bien sûr, donné de détails sur ses amours physiques avec l'homme qu'elle a le plus aimé ! Pourtant, il existe un document quasiment inconnu, une lettre de Marlene à Gabin (elle ne l'a pas envoyée) et qui, mieux que des aveux réels, nous renseigne bien davantage que des mots crus, tout en faisant mentir Maria Riva, qui affirmait que sa mère n'avait jamais rien ressenti avec un homme, qui eût-il été. Le document date de 1941, à un moment où Gabin tournait *Moontide* (son unique film américain) et avait dû manquer un rendez-vous avec Marlene. Elle avait quarante ans ! Et malgré tout cet amour qui se manifeste dans cette lettre ainsi que dans un télégramme que lui envoya Gabin, Marlene Dietrich, en définitive, n'accepta pas de divorcer pour épouser un homme à qui, elle le savait, elle ne pourrait donner les enfants qu'il désirait. Voici donc cette lettre (dont nous avons seulement corrigé l'orthographe, pas le style) suivie du télégramme signé Jean Moncorgé-Gabin, puis d'un autre, de Marlene, sans signature, comme c'était, paraît-il, son habitude.

***

> « C'est dix heures du matin. Je pense à lui, je pense à lui. Je donnerais des années de ma vie pour le voir encore une seconde. Jean, je t'aime ! Tout ce que je peux te donner, c'est mon amour. Si tu ne le veux pas, ma vie finit pour toujours. Je t'aime. C'est bon de le dire sans que tu peux répondre : je ne le crois pas. Je peux le dire des milliers de fois. Mais si tu serais ici je pourrais t'embrasser et mettre ma tête sur ton épaule et je pourrais croire que tu m'aimes. Parce que si tu ne m'aimes pas tout est fini. Pas mon amour, ça ne finira jamais. Mais le jour ne sera plus. Ou le soleil, ou tout ce qui est beau, parce que si tu ne me veux plus, je peux mourir. Je suis au lit. Mon corps est froid et je me regarde. Je ne suis pas belle. Pas assez belle. J'aimerais être si belle pour toi. Pour toi j'aimerais être la meilleure femme du monde. Je ne le suis pas. Je me demande : est-ce que tu le veux que je t'aime comme ça ? Ou est-ce que ça te touche que je t'aime comme ça. C'est une grande différence. Oh ! Viens, viens. Car quand tu seras là, je ne dois plus parler ou penser. Tu sauras tout. Mes yeux et ma bouche et mes jambes qui s'ouvriront pour toi te diront tout.

Viens, viens me prendre – comme tu m'as pris [*sic*] avant. Regarde-moi comme tu m'as regardé [*sic*] avant et aime-moi comme avant. Je suis à toi comme tu me veux. Quand tu me veux et pour si longtemps que tu veux.

Il y a un vent ! Ma lampe ne marche plus et j'ai froid. Jean, mon amour, je t'aime. Mon cœur qui t'aime est plus fort que tous les dangers de la guerre et la misère d'une vie sans toi est plus grande que toutes les misères de ce monde J'ai besoin de tes bras, la chaleur de ton corps. J'ai besoin de toi pour vivre. Ange adoré, reviens et ne dis pas : Si nous nous reverrons [*sic*]. Si j'ai son enfant, je vais lui dire qu'il décide ce qu'on va faire. Je ne veux pas me cacher les cinq derniers mois. S'il le veut je vais l'avoir comme si on était marié et je me fout des gens. Je ne serais pas capable de tuer cet enfant. Mais s'il le veut, je le ferai. Je pourrai avoir le divorce beaucoup plus vite que lui mais tout ça n'est pas important. J'espère que cette fois je n'ai pas un enfant. Parce que j'ai peur qu'il restera avec moi pour cette raison et pas parce qu'il m'aime. Plus tard, quand il est tout à fait sûr qu'il veut vivre avec moi alors je veux avoir un – mais quand il veut – et pas parce que c'est arrivé sans qu'il l'a voulu. Mes seins me font mal – et ma tête. Oh, Jean, viens – viens me guérir de toutes mes peines.

La nuit tombe. Ange adoré, je t'aime si terriblement. Je t'attends comme jamais une femme a attendu un homme.

Je l'aime avec chaque goutte de sang que j'ai, et je pense seulement que je veux être près de lui. Entendre sa voix. Sentir ses lèvres sur les miennes, ses bras autour de moi. Et je pense que je veux me donner à lui pour la vie. J'ai cru voir dans les yeux des gens qu'ils savaient que ce n'était pas seulement la grippe qui me rendait malade.

Je suis dans ton lit. Mais je suis sans toi. Je suis triste à en mourir. Mes yeux me font mal. Mes yeux qui ne

> sont pas comme il les aime. Peut-être dans la neige, ils seront plus clairs. Ou peut-être seulement par amour, je vais me réveiller le matin avec des yeux comme il les aime.[...] être sans goût. Ou vivre dans la lune (et je dois dire, je comprends bien ces bleus yeux là) ou même être tout à fait bête (je ne sais pas un exemple pour la troisième). Mais ça viendra. Pourquoi est-ce qu'on jette un cœur et tant d'amour brûlant à un homme qui court quand des yeux bleus lui font signe. Je réponds à ma question : parce qu'on l'aime !!! Et on a eu la malchance de ne pas avoir le bonheur ; ou le malheur. Le travail dans les deux cas sera impossible.
>
> Il est sorti hier soir. Elle était mal habillée mais ça ne lui fait rien. Quand on a des yeux bleus, on peut pas savoir comme je l'aime. Personne n'a jamais aimé ainsi. Je vais dormir dans ton lit et je dirai tous les mots d'amour comme si tu étais là. Oh mon ange adoré, reviens, reviens. J'ai froid mon amour et ma jambe me fait mal. C'est la pluie – je sais – ce n'est pas parce que tu n'es pas là. Mais si tu serais ici, je ne la sentirais pas. Je serais collée contre corps chaud et j'aimerais la pluie parce que ce serait la raison pour aller au lit. Et tu me dirais : "Tu es bien, ma gueule ?" Oh, Jean, mon amour. »

On peut s'interroger sur les raisons de ce charabia sublime, comme disait Louise de Vilmorin à propos de *La Princesse de Clèves*. La passion ? La mauvaise pratique de la langue française ? En tout cas, Il s'agit bien d'une musique de l'amour.

Un télégramme de Marlene Dietrich à Jean Gabin

La date est le 29 novembre 1941

Merde et encore merde mon ange.

Non signé (indication de la Western Union.)

Et voici le télégramme de Jean Gabin

Sans nouvelles depuis ton départ Paris très inquiet cable moi espère reçu lettres pense bientôt te voir tout mon cœur plus que jamais. Jean Moncorgé.

Sans date visible, expédié d'Alger

D'après la source, le télégramme a été envoyé peu avant leur rupture.

Collection Norma Bosquet

« Pour Alain, mon ami »

Collection Norma Bosquet

« To Norma again »

Collection Norma Bosquet

« To Norma with love + thanks »

Collection Norma Bosquet

« To Norma, love love ». Au verso : « Norma, what would I do without you? » (« Norma, que ferais-je sans vous? »), 9 mai 1991.

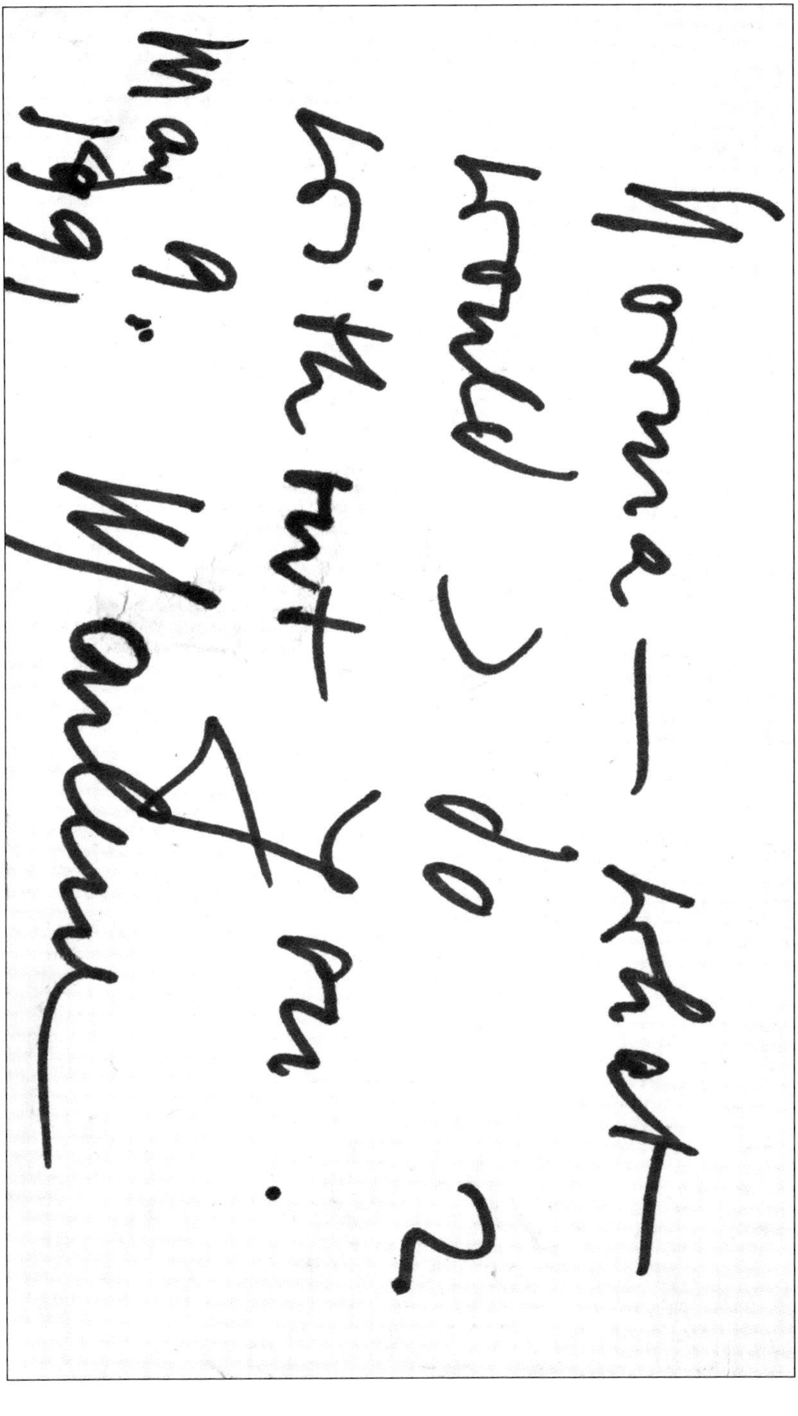

Norma — what would I do without you?
May 9. 1991
Marlene

Collection Norma Bosquet

Collection Norma Bosquet

Photo de Marlene jeune, avec au verso : « Before you were born »
(« Avant votre naissance »).

Collection Norma Bosquet

Before you were born.

© UFA

Der Blaue Engel *(1930). Couvert de poudre, le professeur Unrat se complaît dans son rôle de mari esclave.*

© Paramount

Morocco *(1930)*

© Paramount

Dishonored *(1931). Le côté fétichiste de l'actrice, dominatrice en minijupe.*

© London Films

Knight without armour *(1937)*.
Un film épique à gros budget sur la révolution russe, produit par Alexander Korda.

© Paramount

Sur le tournage de A foreign affair *(1948). Toujours prête à afficher sa bisexualité, Marlene Dietrich embrasse Hedy Lamarr sous le regard émoustillé de Billy Wilder.*

© Leguan Film Berlin

Sur le tournage de Just a gigolo *(1979). Après* Judgment at Nuremberg, *Marlene Dietrich ne joue plus de grands rôles jusqu'en 1979. Elle est ici aux côtés de son partenaire et metteur en scène David Hemmings. © Leguan Film Berlin*

Avec Jean Gabin dans Martin Roumagnac *(1946). Ce film sera hélas un échec.*

Collection Norma Bosquet

Marlene Dietrich (1955). Elle continua d'améliorer son spectacle jusqu'à la toute dernière représentation, en 1975.

7.

Maria Riva, la fille de Marlene

Alain Bosquet interroge un jour Marlene sur ses rapports avec sa fille : « Je ne comprends pas vos rapports avec Maria. Vous m'affirmez sans cesse que vous ne vivez que pour votre fille et, à la moindre occasion, vous vous montrez dure avec elle, et même impitoyable. »

Réponse de Marlene : « On fait tant de mal à ceux qu'on aime. »

Quoi qu'on puisse penser de cette femme qui, à l'heure où j'écris est âgée de plus de quatre-vingts ans (2007), elle a naturellement joué dans la vie de Marlene Dietrich, et singulièrement dans sa vieillesse, un rôle de premier plan. Il n'existe pratiquement pas de témoignages pour certifier que Marlene aimait ou non ses quatre petits-fils. Il semble, comme je l'ai dit, que Michael était son préféré. Mais Marlene a parlé de Maria Riva, elle a écrit sur elle, tous les jours les deux femmes se téléphonaient, quelles que fussent les distances et Marlene, dès qu'elle avait un problème, se confiait à sa fille… ou à moi ! En tout état de cause, Maria n'était jamais exclue. Physiquement, ce n'était pas le portrait de sa mère, bien que certaines photos d'autrefois les montrent ensemble, rayonnantes. Elle était grande, pas mince, lourde même, au point que beaucoup l'appelaient « la Grosse Allemande ». Je répète que, à mes yeux, être la fille de Marlene Dietrich était une mission impossible et que Maria Riva, qui se disait actrice, aurait mieux fait de choisir un métier dans lequel aucune concurrence n'eût été possible avec cette chimère humaine que symbolisait sa mère ! Je la voyais peu, puisqu'elle venait très rarement à Paris, mais je la voyais assez pour compatir à sa situation et surtout comprendre que, si Marlene l'idolâtrait et se ruinait pour elle et ses fils, eux, en revanche, la regardaient chaque jour davantage comme un fardeau.

Maria écrit ainsi : « Elle s'est mise à faire cuire des petits morceaux de nourriture sur le réchaud de mon père. Quand celui-ci a explosé, elle a commandé une plaque chauffante électrique, un vieux modèle. La prise a rejoint les six autres prises et leurs rallonges sur le tapis taché, à côté des seaux d'urine. J'imaginais avec terreur ce que la folie de son installation électrique pouvait provoquer. J'ai acheté un extincteur et j'ai essayé de lui apprendre à s'en servir, j'ai écrit le mode d'emploi en grosses lettres noires et je l'ai épinglé sur son matelas, mais sachant que s'il y avait le feu elle serait probablement trop soûle pour le lire ou pour se rappeler le mode d'emploi, j'ai insisté pour qu'au moins elle apprenne à se pousser jusqu'au pied du lit et à se laisser glisser dans la chaise roulante que j'avais fait placer là en permanence. »

Je me demande bien, moi Norma, comment elle aurait pu s'y prendre, elle n'était à peu près jamais chez Marlene, non plus qu'en France.

Maria raconte le tournage de *Just a Gigolo* comme si rien n'avait pu se faire sans elle, alors que nous savons combien Marlene Dietrich faisait preuve de professionnalisme, préparant son tournage de deux ou trois jours des semaines durant. On sent, dans ce texte rageur, une sorte de haine de la fille pour la mère :

> « Une fois de plus, j'ai coupé son whisky avec de l'eau. J'avais pour mission de garder Dietrich opérationnelle pendant deux jours. À l'aube du premier jour de tournage, j'avais des doutes sérieux. Elle avait décidé de me punir. J'avais essayé de lui soutirer son scotch. [...] Elle avait un tel besoin de croire qu'elle seule avait donné à sa fille la vie, l'amour et les moyens de se lancer à la poursuite du bonheur. Nous sommes arrivées au studio, notre "star" était intacte. Le deuxième jour, ma mère avait trouvé le moyen de flirter avec une jeune

fille béate d'admiration et l'avait convaincue de passer une bouteille de Brandy en cachette dans sa loge. Avant que j'aie pu confisquer la bouteille, elle l'avait déjà à moitié consommée. En fin de journée, elle était trop soûle pour se souvenir des paroles de la chanson *Just a Gigolo*. Comme je l'avais déjà fait auparavant à la fin de sa carrière sur scène, j'ai écrit les paroles en gros caractères avec un marqueur sur de grands morceaux de carton blanc et je me tenais près de la caméra pour qu'elle puisse les lire. Elle avait réussi ! Elle s'en était bien tirée. Elle recevrait un salaire intégral pour le film. Elle pourrait payer ses factures astronomiques, du moins pour le moment. »

Comme en écho, on lira ci-dessous un autre texte, de Marlene celui-là, bien émouvant :

« Je dois vous expliquer pourquoi j'appelle toujours ma fille dès que j'ai une difficulté. Ma fille sait tout ce qu'elle désire savoir ou doit savoir. De plus, c'est une excellente actrice, elle a quatre fils et un mari, elle fait la cuisine, elle s'occupe de sa maison, voyage au loin. Elle est la seule personne que je connaisse qui mérite selon moi le titre de "Mère Courage junior", "la bonne Samaritaine" de ceux qui souffrent, un cœur aimant où je suis la première de la liste, avec son père sur lequel elle veilla pendant que je travaillais à l'extérieur. »

J'ai souvent noté ce que me disait Maria, quand je la voyais, ou quand ce qu'elle contait de sa mère me paraissait intéressant. La plupart du temps, il y a une terrible méchanceté dans ses dires ; ils mettent au jour les petits côtés, les petits malheurs de Dietrich.

« Elle s'allongeait sur des peaux de mouton souillées comme l'était son matelas ; des taches grises maculaient ses draps. Elle interdisait à tous de la toucher, de la laver.

> Elle refusait de prendre un bain mais en parlait avec enthousiasme. On sait qu'elle avait perdu peu à peu l'usage de ses jambes. Ses pieds souffraient d'une maladie qui les déformait. Elle s'amusait à tout ranger ; des tiroirs entiers y passaient. Elle ne jetait rien. Il y a cette histoire d'un vieux manteau signé Balenciaga, un imperméable plutôt, dans lequel on dut promettre de l'enterrer. "Ça, ce serait bien… Les vers ne pourraient jamais le transpercer, il est dur comme du bois." Toute sa vie elle parla de la mort mais d'une façon "matérielle" : comment se débarrasser du corps, le cimetière. Elle y ajoutait un romantisme lyrique, des éléments macabres et de l'humour noir. »

D'après Maria, c'était tout sa mère, ces trois points. Elle disait : « Un jour, j'ai découvert en France un très beau petit cimetière au milieu d'un village avec des champs de coquelicots, des vaches, des bancs peints en vert devant des petites maisons blanches ; c'était parfait, on aurait dit un Monet. Il y avait même une très bonne auberge qui servait un pot-au-feu presque aussi bon que le mien. Ils m'ont dit qu'il n'y avait plus de place au cimetière et que je n'étais pas française. Le maire m'a dit que si j'achetais un terrain au village, je pourrais m'y faire enterrer, mais comme d'habitude je n'avais pas d'argent, alors… »

Un jour elle a fait part à sa fille d'une solution originale : « Mon cœur, j'ai trouvé comment sortir de l'appartement une fois que je serai morte, sans me faire voir des journalistes. Tu prends un grand sac poubelle en plastique noir, tu me mets dedans. Ensuite, tu demandes à Peter, le plus fort de tes fils, de porter le sac sur son épaule et de prendre l'ascenseur jusqu'au parking souterrain. Puis tu ramènes un taxi et tu y mets le sac poubelle. Après quoi, tu peux l'envoyer en Amérique ou ailleurs. Comme tu veux. »

Finissons-en avec ces idées saugrenues et surtout morbides en écoutant Dietrich évoquer le scénario de ses funérailles quasi nationales.

Maria Riva, la fille de Marlene

« Quand je serai morte, imaginez le foin que ça va faire... Les journalistes, les fans ! Le président de la République décrètera un jour férié. Plus une chambre d'hôtel libre dans tout Paris. Nellie et Dot Pondel arriveront pour me préparer, me maquiller, me coiffer. Elles pleureront tellement fort qu'elles n'y verront rien et qu'elles ne sauront pas ce qu'elles feront ! Toutes ces années où elles étaient avec moi à la Paramount, elles n'avaient rien à faire parce que c'est moi qui faisais tout ! Alors, pour une fois que je ne serai pas là pour leur mâcher le travail, elles resteront plantées devant moi, à sangloter, à se demander comment mettre les faux cils et me coiffer par devant. Par derrière ça ne compte pas, puisque je serai allongée sur le dos. Jean-Louis viendra spécialement de Hollywood et sera furieux. J'ai toujours eu envie de porter une petite robe noire sur scène... comme Piaf. De Gaulle voulait me faire enterrer à côté du soldat inconnu sous l'Arc de Triomphe et célébrer l'office religieux à Notre-Dame mais j'ai refusé, je préfère la Madeleine. C'est l'église que je préfère à Paris et les chauffeurs pourront garer les limousines sur la place avant d'aller prendre un café chez *Fauchon*. Il y aura un fourgon de l'armée comme celui qu'ils ont utilisé pour Kennedy quand il s'est fait tuer, tiré par six chevaux noirs pour transporter le cercueil drapé d'un tissu tricolore créé par Dior. Le cortège partira de la place de la Concorde et remontera lentement le boulevard de la Madeleine, jusqu'à l'église, avec toute la Légion étrangère qui marchera au son d'un seul tambour... Dommage que Gary Cooper soit mort, il aurait pu mettre le costume de *Morocco* et se joindre à eux. La foule est massée sur le parcours et pleure en silence. Du monde entier arrivent les tantes. Ils se fraient un chemin à travers la foule, essayant de se rapprocher de ces beaux et farouches légionnaires... Tandis que la foule

> qui m'accompagne se lamente sur l'avenue, les invités officiels arrivent à l'église. Rudi [son mari] donne un œillet à chaque invité, homme ou femme, un rouge pour ceux qui ont réussi à coucher avec moi, un blanc pour ceux qui le prétendent sans être parvenus à leurs fins. Il est le seul à savoir !... Douglas Fairbanks arrive, en habit, porteur d'une lettre de Buckingham Palace. Remarque n'arrive même pas jusqu'à l'église, il est saoul et il a oublié le rendez-vous... Jean [Gabin] accoté au mur extérieur, fume une Gauloise et refuse d'entrer dans l'église. »

On le sait après avoir lu les pages plus haut, Marlene Dietrich a toujours fait preuve d'un grand professionnalisme. Même les « anti-Dietrich » se sont vu obligés de le reconnaître. Peut-être cette attitude, qui a fortement contribué à créer sa légende, ne s'est-elle jamais davantage manifestée que lors du documentaire tourné par Maximilian Schell, sorti en 1984 sous le titre *Marlene*. Il semble que sa fille Maria ait su convaincre Marlene que, si elle prenait elle-même en mains cette question, étant en somme la meilleure spécialiste de sa propre vie, elle éviterait ainsi à un étranger de raconter n'importe quoi. Elle accepta sous condition qu'elle commenterait le film sans paraître une seule fois à l'image. Elle avait quatre-vingt-un ans. Les choses commencèrent mal ! Elle se mit à détester Schell, disant du mal de lui et de sa célèbre sœur Maria Schell. Comme on lui montra que le marché américain était d'une importance décisive, elle consentit à enregistrer aussi en anglais, ce qu'elle avait refusé d'abord. Malheureusement, elle confondait parfois l'anglais et l'allemand... Malgré les difficultés de Marlene à suivre le scénario de Schell, malgré l'âge de la star, malgré le scotch qui ne se trouvait jamais bien loin, malgré les procès qu'elle intenta, le film fut enfin primé, puis acclamé partout, et Dietrich redevint amie avec son réalisateur. Sans le reconnaître, ils avaient tous deux travaillé de conserve ; le résultat fut un exceptionnel témoignage filmé sur une star que l'on ne voit pas, mais dont la voix fait passer la plus vibrante émotion. Ses commentaires sur les ruines de Berlin, survolées par la caméra autour d'un quartier de cette ville, le Kurfürstendamm, sont un modèle de réussite cinématographique. Et la voix de Marlene, rayée, rauque, bouleversée, reste inoubliable. Même sa fille, qui ne cessait de lui faire des reproches, est obligée de s'avouer que sa mère était une femme extraordinaire : « Malgré tout l'alcool et toutes les drogues qu'elle absorbait, ma mère gardait, dans ses intervalles de lucidité, l'esprit incisif qui avait enchanté, intrigué le monde… Les épaules courbées, munie de sa loupe géante, elle dévorait les journaux et périodiques de quatre pays, découpant des articles sur les sujets qui se montraient dignes de son intérêt, griffonnait ses commentaires acides dans les marges, puis me les envoyait, non pour que je lui donne mon avis mais pour faire mon éducation et pour prouver son "intelligence supérieure" »… Regard négatif, cruel.

Mais le comble de la méchanceté, Maria Riva l'a peut-être atteint dans les lignes ci-dessous, extraites de son livre, qui est un sommet de duplicité car, derrière la façade haineuse et fissurée des rapports mère-fille, l'auteur tente de laisser filtrer de la tendresse pour sa mère !

> « Une fois encore, je suis venue. J'ai essayé de changer les draps souillés, de la laver, mais elle hurle ses invectives, sa fureur est démesurée, brutale. Je reste là, sans pouvoir rien faire, et soudain, je sais ! Je comprends le jeu que nous jouons. Voilà ce qu'elle veut. Elle veut qu'on la trouve dans sa crasse, dans sa puanteur, ultime crucifixion, celle de la mère qu'on a laissée seule dans la mort, négligée par sa fille qu'elle aimait trop… Alors la pitié envahit mon âme pour cette créature qui, après avoir connu la gloire, repose maintenant dans ses propres déchets pour faire pénitence et obtenir la béatification… Ses jambes se sont atrophiées. Les cheveux coupés court et n'importe comment avec des ciseaux de manucure, passés à la teinture, du rose iodé entre les mèches blanc sale. Les lobes de ses oreilles se sont distendus. Ses dents, dont elle était si fière sont devenues noires et se fendillent. Elle a une cataracte à l'œil gauche. Sa peau, translucide

> autrefois, est devenue parchemin. Elle dégage une odeur d'urine, d'alcool et de ruine humaine. Debout, je regarde cette créature pitoyable, qui prétend être ma mère et j'ai de la peine pour nous deux. »

Quand, à quelle date se situe cette scène dont je n'ai aucun souvenir ?

Quand, à quatre-vingt-huit ans, mon mari Alain a reproché à Marlene de garder pour elle ses souvenirs les plus croustillants, elle a répondu : « Pendant six décennies, Maria a eu le temps d'emmagasiner une montagne de choses sur moi. Elle aura le temps de déballer ce qu'elle choisira. Je ne veux pas lui faire concurrence. Mes saloperies, elle pourra les raconter après ma mort. Cela vaudra une fortune : pourquoi diable voulez-vous que je l'en prive ? »

Plus tard, bien après la mort de Marlene, Maria Riva m'a fait parvenir un exemplaire du livre qu'elle avait écrit sur sa mère, sans l'en informer. Mais Marlene était toujours au courant de tout. Lors de l'une de leurs conversations téléphoniques quotidiennes, elle apprit à sa fille qu'elle avait eu vent de son projet. Maria lui a dit : « Oh ! Ce ne sera pas une *Mommie Dearest*, faisant ainsi allusion au livre terriblement accusateur que la fille de Joan Crawford écrivit contre sa mère.

Du livre de Maria, je n'ai lu que le dernier chapitre, qui traite de la vie menée à Paris par Marlene Dietrich. Il y a tant d'erreurs ! D'ailleurs, comment eût-elle pu évoquer la vie de sa mère à Paris ? Maria n'y était jamais, sauf à peu près deux ou trois semaines par an, par périodes séparées. Elle ne voyait pas davantage sa mère. J'étais horrifiée. Quant à sa dédicace, elle indiquait : « Le monde doit apprendre la vérité. » Je lui ai aussitôt rétorqué : « Le monde apprendra la vérité, mais pas nécessairement la vôtre. » J'ai rompu avec elle.

Heureusement, Marlene Dietrich est morte avant d'avoir pu lire le livre, elle qui adorait sa fille. Et moi, malgré tout, j'avais pitié de cette Maria ! Elle avait tenté, sans succès, de devenir une actrice, elle aussi. Comment y parvenir, je l'ai dit, en étant la fille d'une star mythique et sans égale ?

8.

« La vieillesse est un naufrage »

Ce mot du général de Gaulle, nul ne l'a mieux expérimenté que Marlene Dietrich. Cette fabuleuse beauté (comme je l'ai dit, à soixante-seize ans, elle était encore belle), cette femme si photogénique et sublime à la ville (c'est loin d'être vrai pour toutes les actrices et même les stars), cette incarnation du rêve avait oublié qu'elle était faite de chair et de sang et n'était pas préparée à la disgrâce du déclin, bien qu'elle en endurât les affres avec plus de courage que la plupart des gens. C'est pourquoi, lorsqu'elle en eut pris conscience, elle me répétait souvent : « En tant que femme, j'ai connu des hommes, j'ai connu l'amour, mais je ne veux laisser au monde entier que ma légende. » Elle ne se regardait plus jamais dans un miroir. Bien que, sa vie durant, elle eût tourné le dos au mythe créé par Sternberg, ou bien qu'elle l'eût prétendu, au terme de son existence, elle comprit que, même si ses films n'étaient pas tous de grande qualité, sa présence les transcendait. Et de cette présence, elle fit, comme toutes les fées, une fable. Il y a de l'invention dans toute fable, c'est pourquoi des contradictions apparaissent dans ce qu'elle a pu dire ou écrire. Ces contradictions, il était inutile de les lui présenter, elle les repoussait d'un geste. Je ne puis donc me fier qu'à ce que j'ai vu et entendu, tout en conservant certaines distances. Je veux dire des distances quant à la vérité ou à la vérification de ce que Marlene pouvait me confier ainsi que d'autres personnes, principalement sa fille Maria. Il me semble que l'on puisse dater le début de ses tourments physiques et donc de son affaiblissement et de sa vieillesse d'un accident survenu à Wiesbaden en Allemagne, où elle chanta en 1960. Jusqu'à cette date, elle était restée incroyablement jeune, et elle n'hésitait pas à lever haut la jambe en compagnie des douze filles qui dansaient avec elle et qui faisaient attention à ne pas lever trop haut leurs jambes à elles. Quoi de plus normal ? Tout spectacle ne contient-il pas une part d'illusion d'optique ? Elle était assise à califourchon sur une chaise, vêtue d'un smoking et d'un chapeau claque, position et costume qui ont signé sa gloire depuis *Morocco*, et elle chantait *One for My Baby*. En sortant de scène à la fin de la chanson, elle se dirigea bien sûr vers les coulisses, dans la lumière d'un projecteur. Hélas, elle ignorait les dimensions exactes entre lesquelles elle devait évoluer, fit un faux pas et tomba de scène. Le sol fondit sous ses pieds. Son épaule reçut le choc.

Burt Bacharach l'accompagnait en musique et probablement dans sa vie ; en tout cas elle parlait toujours de lui avec admiration et passion. Le soir, elle ressentit des douleurs qui commencèrent à l'inquiéter. Elle ne dormit pas de la nuit et ils allèrent à l'hôpital dès l'aube. Les radios révélèrent une fracture de l'humérus qu'elle commença par traiter à la légère, mais les choses allèrent de mal en pis, Marlene ayant décrété qu'elle n'aurait pas besoin de plâtre et qu'un simple bandage suffirait, contre l'avis de Bacharach, qui se montrait fort préoccupé. Mais il était difficile de tenir tête à « la » Dietrich, comme elle disait *Die Garbo*, « la Garbo » en allemand. Le temps passa ; elle fit d'autres chutes, dues à sa fragilité osseuse, à sa manière empirique de se soigner et… à l'alcool ! Elle tomba une nouvelle fois, plus gravement, en janvier 1980. Nous allâmes ensemble à la clinique, mais ce fut sa dernière sortie et elle ne se lèvera plus jamais de son lit. C'est moi et non Maria, ainsi qu'elle le dit dans son livre, c'est moi qui essayais de diminuer la consommation de whisky considérable de Marlene Dietrich. Je l'ai d'abord coupé d'un tiers, puis de la moitié ; je mélangeais de l'eau avec l'alcool en transférant le scotch dans des bouteilles d'eau italiennes, en verre opaque. Elle ne s'apercevait de rien. À la clinique, le chirurgien s'est adressé à moi, après m'avoir prise à part. Il m'a dit : « Je viens de parler avec sa fille, qui m'a confié beaucoup de choses sur sa mère. Elle a déjà subi deux opérations dont elle ne s'est jamais vraiment remise. Aujourd'hui, elle est encore victime de deux autres fractures. » Puis je suis sortie avec ce médecin de son bureau et il a dit à Marlene : « Tout va se réparer tout seul. Il faut que vous restiez allongée sans bouger pendant autant de semaines que cela sera nécessaire… »

Dire que les sublimes jambes de Marlene l'avaient toute sa vie portée vers les honneurs et la plus haute réputation de talent et que, désormais, elles ne pouvaient même plus soutenir son corps… Qui s'en est aperçu ? Depuis les années 1970, depuis sa première chute en Australie, Marlene boitait. Toutes ses chaussures comportaient des semelles compensées, fabriquées sur mesure. Elle avait peur du hasard, de l'impondérable ; la rue, les coulisses… Par contrat, les scènes où elle se produirait devaient être aménagées avec des sols parfaits. Et elle ne s'est jamais révoltée, du moins en apparence. En bonne Allemande obéissante, elle s'est conformée aux prescriptions du médecin. Elle est restée au lit sans bouger. Sans se plaindre. Ce fut une autre affaire quand il fallut débuter la rééducation ! Elle reçut les soins d'un kinésithérapeute. Il lui a fait porter des bottes pour la forcer à marcher. Mais ses jambes ne la soutenaient plus. Chaque pas la jetait aux limites de l'évanouissement. Elle pleurait mais ne disait rien. Puis elle a renoncé à ce traitement inefficace et sadique. Alors, elle a décidé de ne plus jamais marcher. Elle n'a pas, une seule fois, dérogé à cette règle.

« N'est-ce pas étrange
Ces jambes
Qui ont fait
Mon ascension et ma gloire
Facile, non ?
Ont causé
Ma chute
Dans la misère.
Étrange, non ?

Marlene Dietrich

Elle possédait, chez elle, avenue Montaigne, une sorte de pharmacie internationale. En effet, elle achetait ses précieux cachets en gros, ou les faisait acheter partout, et elle les distribuait selon les besoins de ses amis. Elle a envoyé des amphétamines à Romy Schneider, qu'elle aimait beaucoup. Avec son ingéniosité habituelle, son goût pour les intrigues et les espiègleries (le mot s'applique au charme de son caractère quand tout allait bien), elle me fit porter à Romy un exemplaire de ses Mémoires à elle, Marlene, dans lequel était caché le paquet de médicaments ; le livre avait été découpé et vidé et ressemblait à un coffret dont personne ne soupçonnait le contenu et surtout pas le compagnon de la pauvre Romy...

Le matin, elle prenait du thé sans sucre. On lui apportait son nécessaire de toilette mais elle savait déjà tout ce qui l'amusait, qui sortait avec qui, qui disait quoi sur quelqu'un... Marlene changeait de linge et m'attendait dignement comme une impératrice en exil qui continuait à observer le monde sur lequel jadis elle avait régné. Elle détestait les fleurs coupées, mais en recevait tous les jours, du monde entier... et moi aussi, car j'en héritais régulièrement.

Elle adorait Piaf et haïssait Garbo. Il existe une photo d'elle, témoin au mariage de Piaf avec Jacques Pils, un chanteur célèbre en son temps, où Marlene symbolise exactement la beauté, l'élégance et l'amitié. De l'amitié, elle disait : « Très peu de gens comprennent le sens de ce mot. Hemingway le comprenait, Fleming le comprenait. Oppenheimer aussi, pour ne citer que quelques noms. L'amitié est proche de l'amour maternel, de l'amour fraternel, de l'amour éternel, de l'amour pur, rêvé, toujours désiré, ce n'est pas l'amour sous le couvert de l'amour, c'est un sentiment pur, jamais exigeant et donc éternel. L'amitié a réuni plus de gens que l'amour. Elle est précieuse et sacrée. Elle unit les soldats au combat, cimente les forces qui résistent, elle nous embrase tous, même quand nos buts sont obscurs. Pour moi, l'amitié est le plus précieux de tous les biens. Quiconque renie une amitié se voit exclu, oublié, à jamais écarté du cercle des amis. C'est aussi simple que cela. Les amis qui vous trompent sont condamnés à mort si j'ose dire et ils se demanderont toujours pourquoi leur voix ne trouve plus d'écho. Je les méprise ; ils sont la lie de la lie. Dès qu'on a reçu la bénédiction d'une amitié, on est investi du devoir sacré d'obéissance à ses lois. Quelles que soient les conséquences, il faut obéir. Soit par le silence, soit par des paroles, mais toujours pour honorer les règles de l'amitié. »

Elle énonçait des formules péremptoires et il n'était pas question de lui montrer qu'elle pouvait avoir tort. Avait-elle tort, d'ailleurs ? Depuis les années 1930, hommes et femmes la traitaient en divinité et ses jugements n'étaient pas plus altérés par cette forme nouvelle d'idolâtrie inventée par le cinéma. À son âge, chargée d'éclat, recrue de gloire, elle avait bien le droit de vouloir tracer un sillon dans les esprits ; mais son œuvre d'actrice y contribua moins que sa personne. Ainsi va le destin des étoiles. Une nuit, l'une d'elles apparaît dans les cieux. Au matin, ne l'y cherchez pas, elle a disparu. Il arrive pourtant que sa lueur poursuive sa course pendant des siècles et continue à répandre sa clarté sur les espaces humains privés de sa présence. Pour ce qui concerne Garbo, je m'en tiendrai à ce que j'ai entendu Marlene en dire. Garbo était l'autre souveraine des salles obscures ; de plus, en même temps que Dietrich ! Je crois que Marlene en était tout bonnement jalouse. D'après elle, Garbo se montrait d'une sordide avarice, comptant les morceaux de sucre sur son plateau de petit déjeuner afin de reprocher éventuellement à sa femme de ménage qu'il en manquât un. Marlene était par-dessus tout furieuse que Garbo eût investi dans l'immobilier très tôt dans sa carrière. Elle possédait de nombreux immeubles à Los Angeles, qui lui rapportaient des sommes immenses. À Paris, Dietrich vivait dans un appartement loué. Elle aurait pu, naturellement, acheter pour investir elle aussi ; on le lui a déconseillé... Elle avait bien cet appartement à New York... Il faut dire que Marlene Dietrich considérait l'argent comme un sujet tabou. « En Allemagne, chez moi, on ne parlait jamais fric et on n'en avait jamais. À Hollywood on ne parlait de rien d'autre. Avoir, avoir, ça m'a toujours insultée. J'aurais pu faire fortune. Est-ce que j'ai l'air de quelqu'un qui s'enrichit ? » Résultat, elle est morte dans une quasi-misère. Oui, la vieillesse est un naufrage. Plus encore lorsqu'elle s'écoule dans le dénuement.

9.

Dietrich et le monde extérieur

Il y eut, dans la vie de Dietrich, les « pro-Dietrich » et les « anti-Dietrich ». Les uns lui accordaient toutes les vertus en référence à son génie du spectacle ; les autres la stigmatisaient pour les « irrégularités » de sa vie. Depuis ses premières armes à l'écran, la belle Dietrich n'avait entendu parler que d'elle ; elle avait fini par s'y habituer et, se traitant elle-même comme un mythe, s'exprimant souvent à la troisième personne, était parvenue jusqu'à cet âge avancé en n'accordant plus d'intérêt à la teneur des commérages ou des vérités dites, mais au seul fait que l'on parlât d'elle, confortant ainsi une légende, toujours sa légende, qui ne tenait pas à sa personne mortelle mais à son spectre. La contradiction n'est qu'apparente. Certes, elle répugnait par exemple à prendre place parmi les héros de la guerre, n'ayant, disait-elle, accompli que son devoir ; mais elle acceptait volontiers que, au-delà de la femme et de l'actrice engagée, se profilât un visage immatériel composé des matériaux d'un courage qui n'excluait pas la peur. Voilà pourquoi, sans doute, il est si difficile de se faire une opinion définitive et parfaitement conforme à la vérité, de Mademoiselle Dietrich ; voilà pourquoi aussi, cette vérité prend-elle de multiples formes, ce qui, cette fois, correspond parfaitement aux nombreuses existences d'une artiste, même quand elle ne joue pas la comédie. Il est possible aussi que cette vérité soit révélée par les lettres qu'elle m'écrivit pendant ces quinze ans, qui sortaient d'un seul jet, et qu'elle m'envoyait pour m'appeler au secours, pour me crier son amitié ou pour se plaindre de moi à... moi-même. Enfin, pourquoi cette vérité ne serait-elle pas tout simplement celle ressentie par ces témoins qui, à un moment donné, ont vécu avec Marlene ou près d'elle, et qui n'ont pas été dupés mais plutôt désorientés par toutes les facettes psychologiques de l'une des plus belles femmes que la nature humaine ait jamais engendrées ?

Ce qu'Alain Bosquet écrit de Marlene, qu'il a connue téléphoniquement pendant des années sans jamais la voir, est un résumé des divers portraits que l'on peut voir, entendre, dessiner soi-même de la sublime vieille dame qu'était la Dietrich – quand elle n'avait pas bu ! Alain Bosquet avait déjà croisé Marlene Dietrich, à New York, un soir de 1957, dans une réception privée. Qu'en dit-il sans hésitation ? : « Elle était au milieu de sa cinquantaine et n'avait rien perdu de sa splendeur ni de sa prestance. » En 1977, alors que j'allais prendre mes fonctions chez elle, un dialogue téléphonique rapprocha mon mari de mon amie. Elle ne voulut bien sûr pas le voir : « Je ne veux pas être pour vous un épouvantail. » Dès lors que le téléphone lui garantissait une sorte d'anonymat physique, et l'on sait avec quel art elle usait de cette invention diabolique – elle fit d'Alain Bosquet son conseiller privé sur toutes les affaires de la vie, la politique, l'art, la littérature, la santé. « Les choses ont évolué le jour où j'ai compris que Marlene, clouée chez elle par sa jambe cassée, changeait petit à petit de caractère. Elle avait été fêtée en permanence depuis les années 1930, et la voilà qui se transformait en recluse, non pas comme Greta Garbo, qui avait quitté l'écran en pleine gloire – mais parce qu'elle se savait désormais une infirme. »

Voila l'interprétation de son portrait par Alain Bosquet. Ce portrait analytique d'une Marlene déjà très âgée concentre tout ce que d'autres ont pu dire ou écrire, sans connaître le sujet en chair en os... ou en esprit. Mais je rappelle au lecteur que plus personne ou presque, depuis les années 1970, n'avait approché Marlene Dietrich selon sa propre volonté. Sa fille de temps en temps, moi, de rares domestiques... D'amis des anciens jours, aucun !

Dietrich et le monde extérieur

Bosquet s'est défini soi-même comme un témoin marginal de sa vieillesse ; il n'a pas, en parlant de Marlene, sacrifié à un quelconque goût du sensationnel. C'était une femme qu'il avait au téléphone, non pas un monstre sacré, une femme qui lui racontait sa vie et s'essayait à le séduire, comme elle s'y employa jusqu'à la fin avec les hommes et les femmes, mue par ce profond besoin de flirt qui l'avait incitée, autrefois, à mener une vie amoureuse, disons excentrique... Certes, en parfait écrivain qu'il était, il n'a pas perdu une goutte du miel qu'elle distillait pour lui, en bonne abeille de sa vie, mais il fut avant tout son ami, l'ami des mauvais jours, à qui la star se confiait, masque tombé. Leurs dialogues ont été innombrables. Elle et Bosquet n'étaient certes pas toujours d'accord ! On connaît maintenant le caractère de Marlene... mais la présence d'Alain Bosquet au bout du fil permettait à Marlene de mieux pénétrer dans sa propre nature, sachant qu'elle parlait avec un homme qui la comprenait sans s'aplatir devant elle comme tant d'autres, ni sans la juger durement. Une autre banalité consiste à rappeler que Dietrich était une femme de devoir, et Bosquet, avec son don de la formule, précise « la femme des devoirs ménagers ». Sans doute nous a-t-il fallu, à toutes deux, un certain temps pour devenir des amies. Nous nous respections et l'une comme l'autre était à la disposition des états d'âme de l'autre, sans jamais de caprice, et sans perversité. Peu à peu, Marlene se mit à consulter Alain sur les réalités de la vie, dont elle découvrait les facettes dans les journaux et à la télévision.

Elle voulait tout savoir, comme s'il avait détenu toutes les réponses, sur Giscard d'Estaing, Raymond Barre, Jacques Chirac, François Mitterrand, Helmut Kohl, Helmut Schmidt, Erich Honecker et George Bush... Elle n'excluait pas Ronald Reagan et considérait Saddam Hussein comme le nouvel Hitler. Soit dit en passant, il est presque drôle de remarquer à quel point la vie et les hommes politiques se démodent vite. Elle écrivait à quelques-uns de ces messieurs quand elle en avait envie. On lui répondait. Pour ce qui concerne la littérature, on n'aurait pas trouvé une autre actrice qui en fût aussi férue et qui s'y connût davantage. Bosquet lui a déconseillé la lecture de Sagan, lui a appris à aimer Gottfried Benn ou des morceaux de Günther Grass. Il avouait avoir échoué avec elle pour Tennessee Williams ou Saint-John Perse. Il n'oubliait pas qu'elle avait été contemporaine de l'expressionnisme. Étrangement, pour qui a suivi sa carrière, Marlene détestait le mystère ou l'ambiguïté ! « La magie de son jeu » la laissait parfaitement indifférente. En tout cas, cette hétaïre de haut vol qui fut « l'amant de toutes les femmes et la femme de tous les hommes » ne supportait ni la grivoiserie ni les sujets scabreux. Elle n'avait de cesse qu'elle ne se fût rendue utile à ses amis. La santé, le bien-être, la propreté, l'hygiène, la pression artérielle de ses proches la souciaient sans relâche. Elle avait des formules nettes et définitives : « Une femme aimante doit savoir cuisiner. » À ses débuts, elle fut l'ange des pharmacies, la gardienne des cuisines... Elle usait de la langue française pour les choses de l'esprit et de l'anglaise pour le tout-venant. Bosquet lui a dit un jour : « L'anglais pour les robinets qui coulent, le français pour les caresses. » Elle et Bosquet sont tombés dans le doux piège de l'amitié quand Marlene a entendu Bosquet parler très correctement la langue de Goethe. Elle avait horreur du vague et du romantisme trafiqué. Elle éprouvait des passions froides, mais la noblesse qui imprégnait son ton cachait mal un désespoir de vivre ou plutôt de ne plus pouvoir vivre comme avant ! Sera-t-on aussi ému que Bosquet lorsque, lors d'une réunion politique à Paris, le président Reagan lui a téléphoné pour lui proposer de venir la saluer ? Réponse de Marlene : « Ron, c'est trop tard. » On pense à Fontenelle, grammairien fameux du XVIIIe siècle, à qui une dame demandait, sur la fin (il mourut centenaire) : « Eh bien, monsieur de Fontenelle, à quoi donc employez-vous vos vieux jours ? » Et lui de répondre : « Je tâche à comprendre mieux la langue française, madame. Ainsi, mesurera-t-on jamais l'abîme contenu dans ces deux petits mots : "trop tard !" » Cet abîme, Dietrich le mesurait sûrement.

Nous l'avons vu, depuis ses soixante-quinze ans, elle ne se souciait que de construire sa légende. Ce qui a été moins dit, c'est l'acharnement pathétique mis par elle à supprimer tout ce qui, dans sa vie, eût nui à cette légende. Elle paraissait avoir tout oublié de ce qui ne correspondait pas à l'image idéale qu'elle voulait projeter d'une vie qui aurait été merveilleuse en tous points. D'ailleurs, pour ce qui concerne sa carrière, elle avait enfoui dans le silence les films qui précédèrent *L'Ange bleu* et qui étaient, tout de même, une vingtaine ! Enfant, elle devait obéissance à ses parents ; en retour, ils lui prodiguaient leur protection. Peut-être est-ce en hommage inconscient à cet art de vivre qu'elle se retira de tout élément social, après avoir obéi tout au long de son existence, cherchant une ultime paix dans la solitude, le sommeil et bientôt la mort. Alain Bosquet essayait de la faire s'exprimer sur ses sujets tabous, mais elle ne l'écoutait pas. « Elle ne voulait pas entendre parler de la défaite du Kaiser, de l'installation de la république de Weimar, de Rosa Luxemburg, de la révolte des spartakistes, de l'assassinat de Rathenau, de la grande inflation, de la famine. » Et Bosquet de poursuivre : « Elle avait de la grandeur, de la noblesse, et un certain sens du sacrifice. »

Pour ce qui me concerne, vous savez que je n'ai connu Marlene qu'à la fin de sa vie, en tout cas les quinze dernières années. Mais, si les préoccupations quotidiennes tenaient une grande place dans nos rapports, Marlene Dietrich n'en a pas moins fait de moi la confidente privilégiée de son passé, et je m'en voudrais d'oublier ici l'immense personnage qu'elle fut. Grâce à elle, avec elle, j'ai voyagé à travers des mondes irréels dont elle me décrivait les détails, vrais ou faux, et qui me transportaient, même si je n'en avais pas conscience sur le moment, jusqu'aux cimes d'une poésie qui s'accordait parfaitement avec celle où baignait mon mari, Alain Bosquet. Quand on a vécu auprès d'êtres d'une telle qualité (et ce ne furent pas les seuls), on sait, à l'heure du bilan, que vivre valait la peine. Qu'aurait fait Marlene de son existence si le cinéma n'avait pas été inventé ? Elle se serait évidemment comportée comme une autre Sarah Bernhardt, une autre Hortense Schneider. Ses triomphes auraient volé de scène en scène plutôt que d'écran en écran, et d'ailleurs elle l'a démontré dans la dernière partie de sa carrière, en délaissant la toile blanche au profit des projecteurs du music-hall. Si elle fait encore aujourd'hui figure de mythe, et malgré ses dénégations à ce sujet, je ne suis pas sûre qu'elle ne le doive pas davantage à sa prodigieuse jeunesse jusqu'à soixante-quinze ans, qu'à des films qui n'ont pas tous exalté son génie. Chanter, danser, voilà ce qui l'a fixée dans la glaise éternelle. Et ses plus belles photos, les plus émouvantes, sont à mes yeux celles de sa maturité qui, sans oublier les traces du temps, a peint sur ce visage les moyens de le dompter, c'est-à-dire l'humour, le sourire, un insoutenable regard, et cette certitude intérieure détenue par quelques êtres que leur vie est un chemin vers la beauté. Le public sait-il que Marlene Dietrich a beaucoup parlé et que, au travers des nombreuses interviews qu'elle a accordées tout au long de sa vie, et de ses propres écrits, elle s'est exprimée en philosophe experte dans l'âme humaine ? C'est pourquoi je vous propose ci-après une petite anthologie de ses paroles. Généralement, les grands acteurs n'ont rien à dire, sortis de leurs textes. Mais Marlene Dietrich n'était pas une grande actrice ! Elle était une grande dame. Sa nature a plus fait pour sa réputation que son talent. Fritz Lang n'a-t-il pas dit : « Ce n'est pas une bonne actrice. Mais elle joue constamment un rôle. Elle ne sait même plus qui elle est. »

Petite anthologie

« J'ai vécu la plus grande partie de mon existence avec des êtres brillants. Ils ne sont pas semblables aux gens "comme il faut". Ils vous excitent, de cerveau à cerveau, ils n'aiment pas les contradictions – ils les interdisent même – mais leur fantaisie vous inspire, et leur imagination vous aveugle instantanément. Ils exigent aussi l'obéissance et la dévotion, ainsi que le sens de l'humour, ce que j'ai toujours été heureuse de leur donner, heureuse surtout d'avoir été choisie, digne de leur attention, de leur temps donné et de leurs efforts. C'est une des raisons pour lesquelles j'ai vécu une vie réussie. »

« Je m'habille pour mon image. Pas pour moi, ni pour le public, ni pour la mode, ni pour les hommes. »

« Chacun sait combien il est difficile de se rappeler les premières années de sa vie. Nous avons tous des impressions, des souvenirs qui ne correspondent pas toujours à la réalité. »

« Je n'avais aucune envie d'être actrice de cinéma, de toujours jouer un rôle, de toujours être belle et d'avoir constamment quelqu'un en train de me lisser les cils. Cela m'a toujours ennuyée au plus haut point. »

« La plupart des femmes entreprennent de changer un homme, et quand elles l'ont changé, il ne leur plaît plus. »

« Je n'ai jamais été l'idéal que Von Sternberg recherchait. Il n'était jamais satisfait. Il tendait vers un but que nous n'avons jamais atteint. »

« Le glamour, c'est mon fonds de commerce. »

« L'homme moyen s'intéresse plus à une femme qui s'intéresse à lui qu'à une femme qui a des jambes magnifiques. »

« Les faibles ont plus de chances d'affaiblir les forts que les forts n'en ont de renforcer les faibles. »

« Je ne suis pas un mythe. »

« Je vais signer un contrat avec un éditeur canadien, pour la version anglaise de mon livre de souvenirs. Je toucherai cent mille dollars et cela suffira pour combien de temps ? Un an peut-être. Je suis au bout de mes possibilités. La mémoire fout le camp. Je n'ai rien d'autre à dire… »

Marlene me reparlant de Dieu :

« Il n'existe pas celui-là. Je l'ai compris pendant la guerre. Toutes ces horreurs… Non, il n'y a pas de Dieu : c'est un mensonge, une rigolade, un truc pour les idiots. »

Et enfin, cette lettre à Alain Bosquet, en janvier 1990 :

« Mille mercis pour votre lettre, cher Anatole [le vrai prénom de Bosquet]. Mon numéro 47 23 97 49 [elle en avait changé]. Sûrement vous avez reçu ma lettre disant “vous me manquez”. Norma aussi me manque mais elle était si fâchée avec moi que j’en souffre encore. La solitude est immense. Téléphonez s’il vous plaît quand cela vous arrange. Ce n’est pas seulement la solitude qui me tourmente – c’est l’intelligence qui me manque !

Love, love, love.

Marlene. »

10.

Le mythe Marlene

Maintenant qu'elle est morte depuis tant d'années et que le temps passe plus vite qu'autrefois, il m'arrive toujours de m'interroger : comprendrai-je un jour l'étincelant secret qui préside à des vies telles que celle de Marlene Dietrich et par quel bienfait des dieux me suis-je trouvée près d'elle durant les quinze années qui lui ont été nécessaires pour mourir ? Le hasard, sans doute. Oui, le hasard, et la disponibilité qui m'a permis de soutenir mon amie, de délayer les amertumes de la fin dans un sourire, dans un geste, dans une parole. J'en ferais autant pour d'autres de mes amies. Celle-ci s'appelait Marlene Dietrich ; elle avait fait rêver des générations d'hommes, et était à la fois jalousée et admirée par les femmes. Et le secret de cette éclatante illusion où nous entraînent les déesses de l'écran, il faut le chercher non dans leur périssable apparence mais dans leur âme réfléchie par la toile, et qui, miraculeusement, ne s'efface plus des mémoires quand le mot FIN s'y inscrit.

La vamp, mot que tout le monde connaît aujourd'hui, est une abréviation du terme anglais *vampire* et le vampire ne se nourrit-il pas du sang des vivants, le nôtre ? Ce n'est pas à dire que Marlene était un vampire mais elle en joua le rôle, déchirant à belles dents la chair de tous ceux qui avaient fait d'elle une chimère sexuelle, ou plutôt érotique, selon les lois du cinéma qui dit tout sans montrer rien d'essentiel. L'écrivain Jean Cau a noté que trois grands héros du cinéma étaient européens : Charlot, Garbo, Dietrich. Il est d'ailleurs curieux de constater que Marlene détestait les deux premiers, selon ses affirmations que j'ai entendues cent fois. L'intérêt que présente cette origine, c'est de nous rendre fiers d'être européens, selon Jean Cau. À ce compte, il y a aussi Goethe, Molière, Shakespeare, Dante et Cervantès, tellement d'autres… Non ! Il ne s'agit pas de fierté européenne mais humaine ; le génie unique de Chaplin, la sublimité des visages de Garbo et de Marlene, voilà qui peut exalter en nous le goût d'une perfection qui relève de la grâce. Des trois, il me semble pourtant que c'est Marlene à qui les journalistes ont consacré le plus d'attention au moment de sa mort. *The Blue Angel, Der Blaue Engel, El Angel Azul, Il Angelo Azzuro, De Blauwe Engel…* J'en passe. Quel secret donc, toujours bien gardé, conservait Dietrich pour que, à quatre-vingt-onze ans, son nom seul fît sortir des imaginations humaines deux jambes inoubliables, une voix jaillie des ruines berlinoises, des mains parfaites et ce sourire de carnassier qui dévora tous ces hommes et… toutes ces femmes dans un ouragan, sa vie, d'où la turpitude était exclue ? Ce secret, sans doute Victor Hugo le pratiquait-il, lui qui mobilisa l'Académie française pour lui faire part de sa plus récente idée : les Quarante l'écoutèrent dévotement. « Eh bien messieurs, voici : un homme aime une femme… » Tous d'applaudir à cette prodigieuse nouveauté ! C'est le secret du couple, de l'un subjugué par l'autre. Ces pauvres amours, Marlene Dietrich, par sa seule présence, les a métamorphosés en rêveries. Elle fut toujours Ève en somme ! Et Jean Cau d'écrire : « Sternberg ne s'y trompa pas et très vite, Hollywood non plus… Énième avatar d'un mythe éternel, sauf qu'il apparaissait pour la première fois, au cinéma, avec une puissance de diffusion inédite depuis Adam et Ève… [Hollywood] transforma l'ange allemand plutôt potelé en Judith aux langueurs émaciées, au corps moulé dans des écailles de sirène et qui, d'un battement de faux cils et d'un seul coup de long regard, tranchait toutes les têtes d'Holopherne que sont les hommes… »

Voilà l'un des secrets le mieux préservés de Marlene : au contraire d'une Cécile Sorel, qui jouait les gamines à l'âge des arrière-grand-mères, Marlene Dietrich a disparu avant de mourir, et pour la voir une ultime fois, il fallut lever les yeux au ciel, où Vénus chaque nuit lui ressemble.

Un autre de ses grands secrets, qu'elle tut jusqu'à sa dernière heure, fut celui de son mariage avec Rudolf Sieber. Certes, ses amis n'ignoraient pas que Marlene Dietrich s'était mariée, que son mari était le père de sa fille (ce qui semble naturel aux gens « normaux ») et que, si elle ne l'aimait plus d'amour depuis longtemps, elle lui conservait intacte son amitié tendre qui datait de 1923, année de leur mariage ! Le public ne savait pas non plus que Rudi et Marlene n'avaient jamais divorcé et que Mademoiselle Dietrich se nommait légalement Madame Rudolf Sieber, nom dont elle signait souvent ses lettres, je l'ai dit. Pour une femme infidèle, ce n'est pas une légèreté que cette constance. Rudi était un agent artistique, d'autres disent un assistant de films, très beau, qui obtint de Marlene que, au moment de la crise économique subie par l'Allemagne après la Grande Guerre, l'actrice cesse de travailler pour s'occuper exclusivement de son mari et de sa fille. Et l'on se rappelle assez les instincts ménagers de Marlene pour imaginer que cette vie ne lui déplut pas. Hélas ! Nécessité fait loi. Il n'y avait pas d'argent chez le couple Sieber et nous devons le personnage nocturne et si émouvant de Marlene en chanteuse et en danseuse à la misère de cette époque ! La petite fille du couple – Heidede, qui devint Maria –, avait faim. Pour elle, Marlene hanta les nuits de Berlin, où, dans un faux scintillement de fausse réussite, Marlene s'amusa et bientôt travailla. Tout ce que la ville magique de l'expressionnisme et des Années folles pouvait donner de rires amers, d'argent facile, d'hommes affamés d'amour ; tout ce que Berlin puisait dans sa propre légende, Marlene le voulut et l'eut. Elle a toujours eu ce qu'elle désirait, même quand, vieille et malade, elle me lançait un de ses regards qui me faisaient flancher.

Un autre secret de Marlene, c'est d'avoir transformé le 12, avenue Montaigne en une ruche aux activités incessantes, bien qu'elle n'y laissât pénétrer à peu près plus personne. Elle n'y jouait pas *Sunset Boulevard* ; sa vie ne se déroulait pas dans une atmosphère morbide, car elle avait fait entrer le monde chez elle par tous les moyens de communication de la société contemporaine. Elle ne donnait pas le spectacle d'une femme oubliée qui se dirigerait chaque jour vers la folie, comme Gloria Swanson dans le film génial de Billy Wilder ! Il faut le répéter, car c'est le grand secret de sa fin, elle interdisait qu'on la photographiât (j'ai été bien assez photographiée, disait-elle) parce qu'elle avait juré de laisser à nos mémoires le visage de l'Ange bleu et non celui d'une vieille dame édentée. Jean Cocteau, dans l'une de ses fameuses formules, a dit de Marlene : « Son nom commence comme une caresse et s'achève comme un coup de cravache. » Eh bien, jusqu'au bout, Marlene Dietrich a mis en pratique cette observation si juste. J'ai reçu ses caresses (verbales) et ses coups de cravache (intellectuels). Moi qui étais valide et vaillante, j'arrivais à peine à suivre le rythme de sa vie de grabataire ! Elle qui entrait en scène comme personne, que ce fût au théâtre ou dans une cuisine, a su quitter les planches de la vie avec l'élégance d'un elfe qui s'essouffle peu à peu au milieu des autres phalènes éblouies par cette lumière qu'une âme bien née distille à l'heure de mourir. Parmi les appels téléphoniques – ceux qu'elle recevait et ceux qu'elle envoyait –, au centre d'une correspondance mondiale qui ne s'est jamais interrompue, entourée de toutes les publications qui pouvaient lui en apprendre sur l'actualité, sollicitée par des journalistes de tous bords – et victime parfois d'hommes sans scrupules qui tentaient de la surprendre dans sa dernière intimité –, Marlene Dietrich réussit cet exploit de partir tout en restant, de se faire entendre en se taisant chaque jour davantage ! Si je dois dire un mot de Garbo, il me semble que leurs destins à toutes deux, après s'être si longtemps opposés, sont devenus parallèles. Toutes deux doivent la renommée à un film. Pour Garbo *La Rue sans joie*, pour Marlene *L'Ange bleu* ; à un homme : Pabst pour Garbo, Sternberg pour Dietrich ; toutes deux méritaient le surnom que Garbo porte seule : la Divine ; toutes deux sont mortes solitaires et retirées, dans l'ombre, sorties de la plus extraordinaire lumière qui eût jamais été projetée sur deux actrices. Il y avait bien là de quoi se haïr.

Quand elle se décida un beau jour à écrire ses Mémoires, ce fut pour « dissiper les malentendus, afin qu'à l'avenir on ne s'interroge plus pour savoir où est la vérité, où est le mensonge. » Aux yeux de Marlene, Gary Cooper était un acteur monosyllabique, René Clair un mufle, Noureev un prétentieux, Maximilian Schell un amateur, Chaplin un mauvais homme. Dietrich, à la fin plus que jamais, détestait les situations fausses, les amis traîtres, l'illusion de la gloire, les voyous, enfin tous ceux qui n'auraient pas trouvé grâce chez elle, à Berlin, entre sa mère adorée et son officier prussien de père. Car on dira ce que l'on voudra de la Prusse, mais on n'y badinait pas avec la mauvaise éducation.

11.

La mort de Marlene

Au moment de sa mort, en mai 1992, Marlene ne ressemblait évidemment plus guère à la lumineuse beauté que dévoilent toutes ses photos et que l'on observe toujours dans ses films. Pourtant, douée d'une exceptionnelle nature, et bien qu'elle ne se maquillât plus depuis longtemps, elle avait gardé cette transparence du teint dont j'ai déjà parlé, qui faisait que, à quatre-vingt-onze ans, élégante et bien coiffée quand c'était le cas, elle rayonnait encore d'un charme physique surprenant. Naturellement, devenue grabataire, alcoolique, elle provoquait une sorte de pitié à laquelle je cédai moi aussi ; mais son autorité naturelle, sa lucidité, l'intérêt qu'elle portait au monde, aux gens (par téléphone) reconstruisaient dans le même temps un équilibre qui chassait la pitié pour laisser place à de l'admiration devant tant de courage. Il en fallait certes ! Après avoir été l'une des deux plus grandes, l'autre se nommait Garbo, d'un métier qui exposait l'être tout entier à la voracité des foules, après avoir tout eu autour de la gloire et de l'amour, survivre dans la peau d'une vieille femme édentée, infirme, ne devait pas incliner à la bonne humeur. Mais, en bonne Prussienne, elle obéissait à sa vie d'alors comme elle avait toujours fait, respectueuse de la discipline qu'une éducation de fer lui avait permis de s'imposer à elle-même. Cependant, si dégradée qu'elle se montrât, et je la voyais tous les jours, on ne pouvait imaginer qu'elle était proche de la mort.

Tout au long des années que nous avons passées ensemble, j'avais noté chez Marlene un lent et continuel retour à l'espèce humaine traditionnelle. Je m'explique. Une star de sa dimension n'appartient plus en effet à la société dont nous sommes les éléments. La star n'existe plus que selon le bon vouloir des photographes et des metteurs en scène. À ces sommets, la célébrité déshumanise celui ou celle qui a du mal à y respirer. L'âge et la souffrance conféraient à mon amie une sorte de dignité nouvelle qui la rapprochait de tout le monde. Elle avait été le symbole de la femme fatale, parfois dévoreuse d'hommes, parfois dévorée par eux, et voilà que, tombée de ses immenses colonnes, la statue se changeait en vieille petite fille, sans cesser de conserver les attraits de la magie cinématographique. Pourtant, au début de 1992, aux alentours des derniers mois, il faut bien le dire, le personnage de Marlene Dietrich, ravagé par le whisky, inspirait plus de pitié que d'admiration. Elle ne ressemblait plus à celle qu'elle était encore quelques semaines plus tôt. Nul n'aurait pu, néanmoins, prévoir sa fin brutale et si proche, elle dont la tension restait parfaite, selon le médecin.

Le 9 mai 1992, comme elle venait de subir une attaque cérébrale, je revins précipitamment avenue Montaigne, prévenue par la femme de ménage. Mon premier soin fut de joindre sa fille Maria Riva, en Amérique. À l'époque je l'ai dit, j'éprouvais de la sympathie à son égard. Elle ne pouvait faire le voyage, me dit-elle, sans autre émotion ; que je ne m'inquiète pas cependant, elle m'envoyait son fils Peter, justement celui que Marlene n'aimait pas. Elle prétendait en effet que, dès son jeune âge, il avait toujours menti. Marlene détestait le mensonge.

Comme pour confirmer qu'il craignait de se retrouver face à face avec sa grand-mère, Peter, aussitôt débarqué de l'avion, me demanda de le rencontrer devant l'immeuble de Marlene, sur le trottoir. Il pressentait le choc que sa présence allait provoquer chez elle. Il est entré dans l'appartement avec moi. Tout de suite, le médecin est arrivé. C'est moi et non Peter qui l'ai accompagné dans la chambre de Marlene. Couchée comme d'habitude, elle était consciente, mais pouvait à peine parler. Moi seule, je la comprenais. Le médecin m'a priée de la soutenir afin qu'il puisse prendre sa tension. Une fois de plus, elle avait une tension de jeune fille. « C'est bien étonnant, dit le praticien, pour une femme qui vient d'avoir une attaque. » En tout cas, il ne la voyait certainement pas mourante !

La mort de Marlene

Il y avait beaucoup d'agitation autour de cette grande malade. Peter est entré dans la chambre, ce qui ne contribua pas à calmer sa grand-mère. Moi, je suis sortie et j'ai retrouvé dans le salon plusieurs personnes, des employés de l'immeuble qui faisaient parfois des courses pour Marlene. Puis, Peter et le médecin ont soulevé Marlene pour lui faire quitter son lit et la déposer sur le grand canapé dans le salon, exactement comme on aurait pu agir avec une véritable poupée de chiffon ; Marlene Dietrich semblait avoir perdu l'ensemble de sa structure musculaire. Pour la protéger d'une chute, ils ont installé devant le canapé une sorte de barrière avec des meubles et des coussins. Elle ne comprenait pas le sens de cette opération et m'appela auprès d'elle afin que je le lui explique. Elle a fini par s'apaiser.

Souvent, quand elle était malade, je lui préparais un potage au poulet ou d'autres aliments qu'elle pouvait manger sans problème avec ses mauvaises dents. Elle ne pouvait plus mâcher. J'ai donc fait chauffer un bouillon et j'ai mis le bol sur une petite table à côté d'elle. De son élocution incertaine, elle a demandé les médicaments que j'avais achetés. Je les ai montrés d'abord à son médecin qui approuva. Il s'agissait de somnifères. Je me demande si, dès cet instant, elle s'était résolue à mourir plutôt que de subir un sort que tout son être refusait. Elle préférait certes la mort à la dépendance. Et comme, il faut le répéter, elle n'avait plus œuvré depuis quinze ans qu'à la préservation de sa légende, l'idée que des étrangers s'occupent d'elle et assistent à son interminable agonie devait lui faire horreur.

L'après-midi du même jour, j'avais rendez-vous avec Peter et Maître Kam, l'avocat de Marlene. Il habitait boulevard Malesherbes, près de chez nous, Alain Bosquet et moi. Nous avons attendu longtemps le petit-fils de Marlene ! Peter avait décidé que nous irions ensemble à la mairie du VIIIe arrondissement, toute proche, rencontrer le titulaire d'un service qui s'occupait de l'aide sociale. Peter voulait en effet que sa grand-mère soit admise dans une maison de retraite. Dans son état et à son âge – quatre-vingt-onze ans, je le rappelle – elle ne pouvait plus vivre sans une assistance médicale permanente, affirmait son petit-fils. Il n'avait pas vraiment tort. Encore eût-il fallu son agrément, qui me semblait exclu. Trop démunie qu'elle était pour payer une personne à domicile à toute heure du jour et de la nuit, c'était à nous de trouver une solution. Oui, mais laquelle ? Maria ne voulait pas d'elle et avait faite sienne la réflexion de Peter, si délicate : « Nous ne sommes pas nés pour nous occuper de Marlene Dietrich. » Il m'arrivait de penser, par opposition, à la princesse Ali Khan, la fille de Rita Hayworth, qui soignait sa mère inlassablement, et recueillit son dernier souffle. Ce n'était pas le genre de Maria ! Jamais, Marlene n'avait osé dire à sa fille qu'elle aurait désiré vivre avec elle à New York. Un an plus tôt, je l'avais écrit à Maria : on connaît sa réponse. Elle avait invoqué n'importe quel prétexte pour s'y refuser. Je ne l'ai pas dit à Marlene. Elle n'ignorait pourtant pas les sentiments de sa fille. Nous avions entamé la discussion avec l'employé de mairie, afin de régler ce problème de la maison de retraite. Je le redis, Marlene Dietrich ignorait tout de cette démarche. Elle n'avait délivré aucune autorisation, d'autant qu'elle n'en avait pas été sollicitée. Soudain, le téléphone retentit dans ce bureau anonyme. C'est la femme de ménage qui appelle Peter ! Qu'a-t-elle donc de si important à dire, et comment sait-elle où nous sommes, dans quel bureau particulier ? Mystère, insondable mystère. Toujours est-il qu'elle parle :

« Votre grand-mère est morte.

– Quoi ?

– Madame Dietrich… Elle vient de mourir… »

Marlene morte ! Quel choc terrible !

Malgré Peter qui s'y opposa je ne sais plus pour quelle raison, Maître Kam et moi sommes revenus avec Peter chez Marlene ; elle était là bien sûr, étendue sur son divan. Tout était fini. La gloire, comme une mer morte, s'échouait contre le corps meurtri d'une de ses plus anciennes fidèles. Il n'en restait rien, que le spectre d'une fleur antique dont la dépouille rejoignait le troupeau des mortels communs. Je sentis monter une larme. Elle n'a jamais séché. L'heure était à l'action. Peter nous a fait sortir de la pièce ; il voulait rester seul pour lui fermer les yeux. Puis, il a téléphoné à sa mère en Amérique et a retenu deux chambres à l'hôtel d'en face. Quant à moi, j'avais un dîner à préparer pour des amis. Il a bien fallu que je parte, la mort dans l'âme, c'était le cas de le dire. Le lendemain, je suis revenue avenue Montaigne, pour chercher des choses qui m'appartenaient. Intriguée par un détail qui me parut important, j'interrogeai la femme de ménage : « Dites-moi… où sont les médicaments que j'avais laissés sur cette table ? »

Elle me fit la réponse habituelle : « Je ne sais pas. »

Mais moi, j'allais très vite comprendre.

« Juste après votre départ, ajouta-t-elle, quand vous êtes allés à la mairie, des ouvriers sont venus enlever le lit de Madame. C'était comme si elle n'existait déjà plus ! Et bien sûr, sans la prévenir. Depuis son divan, elle entendait les ouvriers rire en découvrant un trou dans son matelas… »

Pauvre Marlene, pensais-je ! Elle aussi avait compris : on allait la déménager, sans précautions. Elle ne supporterait pas la dépendance qu'elle devrait alors subir. C'est pourquoi, selon moi, elle a peut-être, dans un instant de panique et de solitude, absorbé suffisamment de pilules pour en mourir. Et je la comprends !

Maria Riva n'a pas été longue à venir d'Amérique. Elle ne pensait qu'à courir à la banque avec moi, pour rencontrer la personne qui gérait le compte de Marlene Dietrich. De plus, mon mari, Alain Bosquet, venait d'achever l'écriture de *Un amour par téléphone* qui raconte sa singulière relation avec Marlene. L'autorisation de Maria devenait nécessaire, incontournable pour éditer ce manuscrit. Elle m'a donné son accord. Par la même occasion, elle lui a demandé de préparer un discours pour la messe d'enterrement. La famille choisit la Madeleine, « l'église la plus laide de Paris », dit Alain Bosquet. Mais aussi la plus couramment utilisée pour les cérémonies funèbres consacrées aux célébrités. Les familles croient manifester ainsi l'intérêt qu'elles portent à leurs morts fameux. Alain Bosquet, à la prière de Maria Riva, devait prononcer un discours pendant la messe. Un requiem plutôt. Il aurait dit :

> « Madame,
> Vous êtes ce matin
> Plus innocente que l'enfant

Qui joue sur le gazon.
Marlene,
Tu rajeunis comme le jour qui, à midi retrouve
La rosée de l'aurore.
[...]
Marlene
Tu es
La noblesse invisible du désir.
Madame,
Grâce à vous, entre mort et légende,
Le temps n'a pas le temps de devenir le temps. »

Hélas ! Le curé de la Madeleine s'y est opposé ! Il avait appris que, à une question de Marlene sur Dieu, la réponse de Bosquet fut : « Dieu n'existe pas. »

Voilà pourquoi un texte sans intérêt a été lu par un acteur inconnu, en tout cas de Marlene !

Louis Bozon, un ancien ami de Marlene qui ne s'occupait plus d'elle depuis des années, a parlé à l'invitation de Maria. Elle était venue me voir chez moi, rue de Laborde, pour me demander mon avis sur de secondes funérailles à Berlin. Pourquoi pas ? À Berlin, Marlene aurait eu une place beaucoup plus importante qu'à Paris, où reposent tant de vedettes. Mais comme Alain Bosquet ne voulut plus prendre l'avion et que les Allemands rechignaient à organiser une cérémonie chez eux, nous nous en sommes tenus à la Madeleine.

Ensuite, la dépouille de Marlene fut transportée à Berlin où elle repose à présent.

Je vis avec une douloureuse question que je suis seule à me poser : Dietrich a-t-elle préféré partir à l'heure de son choix pour que vive à jamais le mythe Marlene ?

12.

Déjeuner du matin de Prévert et Kosma

« Il a mis le café
Dans sa tasse
Il a mis le lait
Dans la tasse de café
Il a mis le sucre
Dans le café au lait
Sans me parler
Sans me regarder
Il a but but [*sic*] le café au lait
Il a allumé une cigarette
Il a mis son manteau de pluie
Et il est partie [le e a été barré par Marlene]
Sans me parler
Sans me regarder
Et moi, j'ai mis
La tête entre mes mains
Et j'ai pleuré. »

À mes yeux, ce petit texte contient, sans l'exprimer par des mots, la sombre beauté que l'on trouve dans les films de Marlene tournés après la guerre de 1939-1945 : la fin de *La Soif du mal* quand elle fait un bref éloge de Quinlan, le policier corrompu joué par Orson Welles ; son dernier regard dans *Témoin à charge*, lorsqu'elle est emmenée par des gardes après qu'elle eut tué son mari ; sa main crispée sur le téléphone qu'elle ne décrochera pas pour répondre à Spencer Tracy (pour savoir pourquoi, allez voir le film !). Ou encore quand elle meurt, dans *Rancho Notorious* (en français, *L'Ange des maudits*), faisant un rempart de son corps pour sauver l'homme qu'elle aime. C'était la vraie Marlene, protectrice de ses amours, femme de tête, femme de cœur, telle que je l'ai connue, telle que je l'ai vraiment aimée et telle que j'en aimerai la mémoire jusqu'à la fin de mes jours.

Postface
par Michel Rachline

Ce récit des souvenirs de Norma Bosquet, qu'elle m'a confié la tâche de mettre en forme, je ne l'ai pas relu sans émotion. Non que ma collaboration me touche à ce point, bien sûr ! Mais il contient une charge de larmes et de sourires qui me permet de rendre grâces, une fois encore, à l'une des inventions essentielles des deux siècles précédents, le cinéma. Toute ma vie, j'ai été poursuivi par deux visages de femmes, précisément situés : Garbo, dans les dernières images de *La Reine Christine*, et Dietrich, à la fin de *Témoin à charge*, et je dois reconnaissance à ces deux sphinx de n'avoir pas soulevé le masque. Oui, ce n'était pas un visage qu'elles affichaient, mais chacune un masque, semblable à celui que nous portons tous. Lorsque j'ai vu Garbo, rue de Rivoli à Paris, tragiquement belle à soixante-dix ans ; lorsque Norma trouvait Marlene « encore » belle à soixante-quinze ans, c'était bien la preuve que la beauté est une âme, surtout en notre époque où les « seniors » sont à la mode. Combien de fois suis-je passé devant le 12 avenue Montaigne sans même imaginer que Marlene Dietrich s'y mourait lentement ? À l'époque, pour moi, le temps n'existait pas ; j'avais une quarantaine d'années, et quand Jacques Kam (un ami avocat de Marlene) me montra une photographie de lui avec sa cliente, prise à la va-vite sur le trottoir, j'en fus ébloui, et l'éblouissement m'éclaire toujours. Car elle avait beaucoup plus de soixante-dix ans, sa ravissante cliente. Vêtue, revêtue plutôt, d'un vison qui découvrait ses genoux et ses jambes, coiffée d'une toque de vison, elle m'apparut sur ce cliché plus belle que je n'aurais pu croire, si belle, si jeune, si souriante que j'en perdis un instant le souffle. Et c'est alors, je m'en souviens parfaitement, que je recouvrai la notion du temps qui passe et je me mis à faire confiance aux documents qui le retiennent, comme la photographie et dans le cas présent, le livre. Quelque amour que l'on porte au cinéma, sa dépendance aux techniques fragilise sa durée. Par exemple beaucoup de films muets ne versent-ils pas dans le comique, ou presque, à l'exception notable d'un Murnau, d'un Eisenstein, d'un Jean Vigo ? La grande Marlene elle-même échappe-t-elle au ridicule dans le final de *Morocco* ou dans *Les Anneaux d'or* pour ne citer que ces deux-là ? On ne peut pas compter entièrement sur le cinéma pour la pérennité d'une œuvre ou la survie d'un artiste. Tandis que le livre, en définitive, reste le bon vieux témoin de nos vies. Si vous n'avez besoin, pour vous représenter un être, que de le laisser flotter en vous sous la forme d'un mot ou d'une phrase, vous lui assurez la survie. J'espère que c'est à quoi Norma Bosquet et moi-même sommes parvenus en consignant les derniers secrets de Marlene Dietrich, dans ce livre qui pourrait être un pendant au beau film de Maximilian Schell, où Marlene inspire les images comme la muse d'une certaine Allemagne. Cette Allemagne-là, il aura fallu trois guerres pour la métamorphoser en une grande démocratie : 1870, 1914-1918 et 1939-1945. Ce fut, pendant toute cette époque, un empire militaire agressif, dont le père de Marlene a servi les intérêts, en bon officier, mais un empire que Marlene haïssait, tandis qu'elle se pliait, sa vie durant, à une discipline qui faisait l'admiration de pays plus légers, tels que la France ou l'Italie. Parallèlement se développait une Allemagne de la nuit, des brumes, des villes noires décrite dans les chansons, les poèmes et les artistes de l'expressionnisme. Cette Allemagne des cabarets berlinois où chantaient des femmes comme Rosa Valetti, partenaire de Dietrich dans *L'Ange bleu*, Marlene lui appartenait aussi par une sorte de mystère impénétrable dont elle s'entoura jusqu'à sa mort et que sa voix merveilleuse répandait comme une onde poétique. Ainsi, Mademoiselle Dietrich réunit-elle à jamais, dans sa jolie silhouette, trois personnages au moins : d'abord la Prussienne aux ordres de la règle ; ensuite la femme spécifiquement allemande, femme fatale des bouges berlinois ; enfin la star hollywoodienne et internationale, que le doux reflux des vagues publiques venait toujours bercer dans son lit de malade puis de mourante.

On pourrait y ajouter une héroïne de *L'Opéra de quat'sous*, non seulement sortie de la pièce inoubliable et de ses chansons, mais encore du livre publié par Bertolt Brecht sous le titre *Le Roman de quat'sous*. Marlene Dietrich n'a jamais joué aucun rôle dans cet opéra, mais les auteurs doivent bien saisir leurs créatures dans la vie comme dans leur imagination. L'Allemagne de Brecht et de Kurt Weill, c'est celle qu'a connue Dietrich, avant de partir pour l'Amérique en 1930. Dès 1918, l'Allemagne vit une crise terrible et c'est au vu de cette misère que Marlene se jure de devenir une femme riche. « La bonté ne peut exister… », écrit Brecht. La société bourgeoise de l'époque n'a rien de charitable. On meurt dans les rues et Brecht a su faire de ce malheur qui produira Hitler, un amusement, un spectacle qu'illustrent elles aussi de nombreuses scènes de *L'Ange bleu*.

Dans cette planète où la volupté le disputait à la loi, il y avait encore de la place pour l'épouse et pour la mère, c'est-à-dire pour la femme. En ce siècle où les femmes étaient seules de vrais hommes, Marlene Dietrich n'a pas voulu changer de sexe, elle en a façonné un autre, le sexe de la gloire, qui ne fonctionne qu'avec le concours d'une âme. Depuis mon enfance, je frissonne en écoutant *Ich bin von Kopf bis Fuss auf Liebe eingestellt* (« Je suis faite pour l'amour, de la tête aux pieds »), et à mes oreilles *Lili Marlene* n'aura jamais qu'une interprète. C'est que Marlene Dietrich n'était ni vraiment une actrice ni vraiment une chanteuse ; elle était une femme, espèce que la mondialisation a effacée de nos terres, comme la Parisienne : une femme allemande comme il n'en existe plus, si bien qu'une artiste comme Ute Lemper, chanteuse représentative d'une Allemagne nouvelle reliée à celle de l'expressionnisme, malgré son talent, ne ressemble plus qu'à une Américaine imitant l'accent de Berlin. Voilà pourquoi le cinéma et le livre demeurent si précieux. Nos rêves y dorment et parfois ils se réveillent pour venir ensemencer nos cerveaux. Et Freud nous a appris que les rêves n'enseignent jamais rien sur l'avenir mais sur le passé au contraire. Combien donc faut-il approuver la démarche de Marlene Dietrich qui l'a conduite à cacher sa déchéance ! À la barbe des voyeurs, des obsédés ou des voleurs, elle a tiré sur le ciel de sa vie un trait qui lui dessine un éternel visage dans nos mémoires.

Ô monstres sacrés ! Artistes de tous bords, comment supporterions-nous sans vous les vicissitudes humaines ? Parce que nous vous avons rencontrés un jour, sur notre chemin, voici que tout s'illumine en nous et autour de nous. Certes, le hasard fait bien les choses. Nous allons et venons sans y penser et tout à coup nous apprenons que la plus grande star du monde, une Allemande, a choisi Paris pour se reposer, bientôt à jamais, entre les mains d'une Américaine… sans doute, les monstres sacrés appartiennent-ils à l'humanité ; malgré tout, ils sont différents, au moins pour les heures qu'ils passent dans la peau d'un autre et qui les immobilisent aux portes du jour. C'est de là que nous les admirons, les aimons, les comprenons, de là qu'ils nous adressent les signes qui nous permettent de supporter nos soucis. Suis-je attelé à une définition de l'art ? Non, pas de l'art, mais des artistes.

Lorsque l'éditeur de ce livre proposa que le titre en soit *Marlene Dietrich – Les derniers secrets*, je ne mis pas longtemps à reconnaître qu'il avait raison, contre le titre que j'avais suggéré : *La mort de l'Ange bleu* ; puis, réfléchissant, je doutai peu à peu s'il restait des secrets à dévoiler ou s'il y en avait jamais eu ! Et je me suis convaincu que le vrai secret de cette vie, c'était de n'avoir pu se comporter normalement. « J'ai toujours détesté être actrice », disait-elle. Dans ces conditions, pourquoi exercer ce métier ? Eh bien ce secret-là, Marlene Dietrich l'a partagé avec d'autres étoiles, telles que Rita Hayworth, Ava Gardner, Grace Kelly ou Greta Garbo pour ne citer qu'elles. Leur métier les a dévorées, englouties, ravagées parfois. Quant à leurs destinées, comprendra-t-on quelque jour la raison de ces tragédies qui les emportent ? Rita Hayworth rongée par la maladie d'Alzheimer, Ava Gardner par l'alcool, Grace Kelly morte sur la route, Greta Garbo abîmée dans une solitude sauvage. Et tant d'autres : Vivien Leigh et Gene Tierney enfermées dans la folie,

Marilyn Monroe probablement assassinée… Est-ce à dire que rien ne fait le bonheur, puisque ni l'argent ni la plus haute réputation n'y suffisent pas ? N'oublions pas que ces femmes extraordinaires, si elles n'ont pas connu ce bonheur dont rêve l'ambition, ont du moins forgé le nôtre, de tout leur corps, de tout leur esprit ! Et tandis que Marlene Dietrich se mourait chaque jour un peu plus, je n'avais qu'à me rendre dans un cinéma assister à une projection de *L'Ange bleu*, pour baigner à nouveau, des décennies après le tournage du film, dans « l'Allemagne romantique et réaliste » que la Dietrich me chantait de sa voix populaire au bon sens du terme. Nous le savons en effet, le mot « populaire » veut aussi dire « aimé ».

Cette chance de Norma Bosquet d'avoir vécu et travaillé près de Marlene Dietrich quinze années durant, voici que chacun peut en bénéficier à présent. Nous apprenons tout ce qu'il faut apprendre d'une actrice de génie qui, certes, n'a pas joué Shakespeare (l'eût-elle pu ?), mais a passé dans la conscience publique avec la puissance d'un Hamlet. Pourquoi ? J'ai déjà proposé ma réponse ; il en est bien d'autres. Toutefois, s'il fallait choisir, je dirais ceci : à l'heure où les étoiles se sont toutes éteintes (provisoirement), la lumière des étoiles mortes nous parviendra longtemps encore après leur disparition, comme dans l'univers interstellaire. Regardons-les sans relâche, afin d'être habités de leur splendeur, dont nous avons tant besoin.

Annexes

Lettres, mémos et autres documents
confiés à Norma Bosquet
par Marlene Dietrich

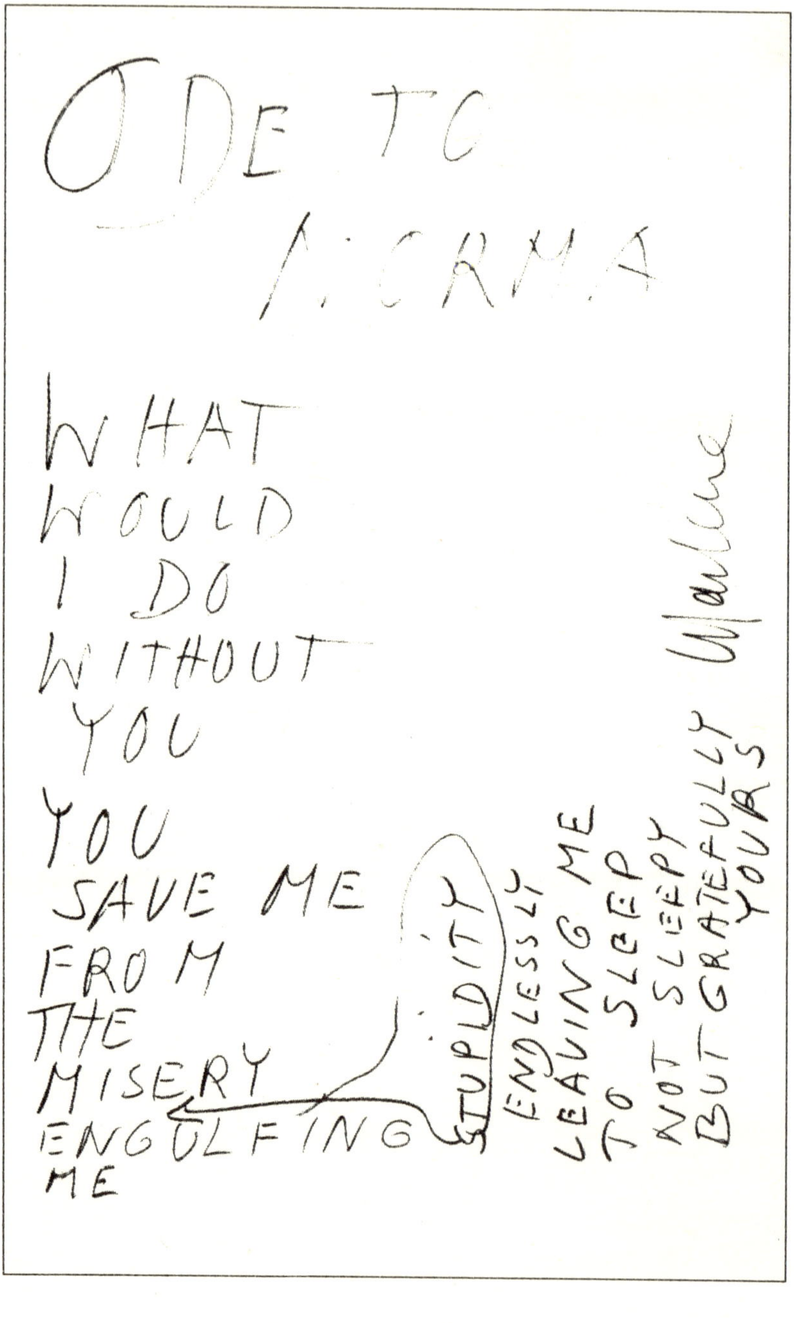

ODE TO NORMA

WHAT
WOULD
I DO
WITHOUT
YOU

YOU
SAVE ME
FROM
THE
MISERY
ENGULFING
ME

STUPIDITY
ENDLESSLY
LEAVING ME
TO SLEEP
NOT SLEEPY
BUT GRATEFULLY
YOURS

Marlene

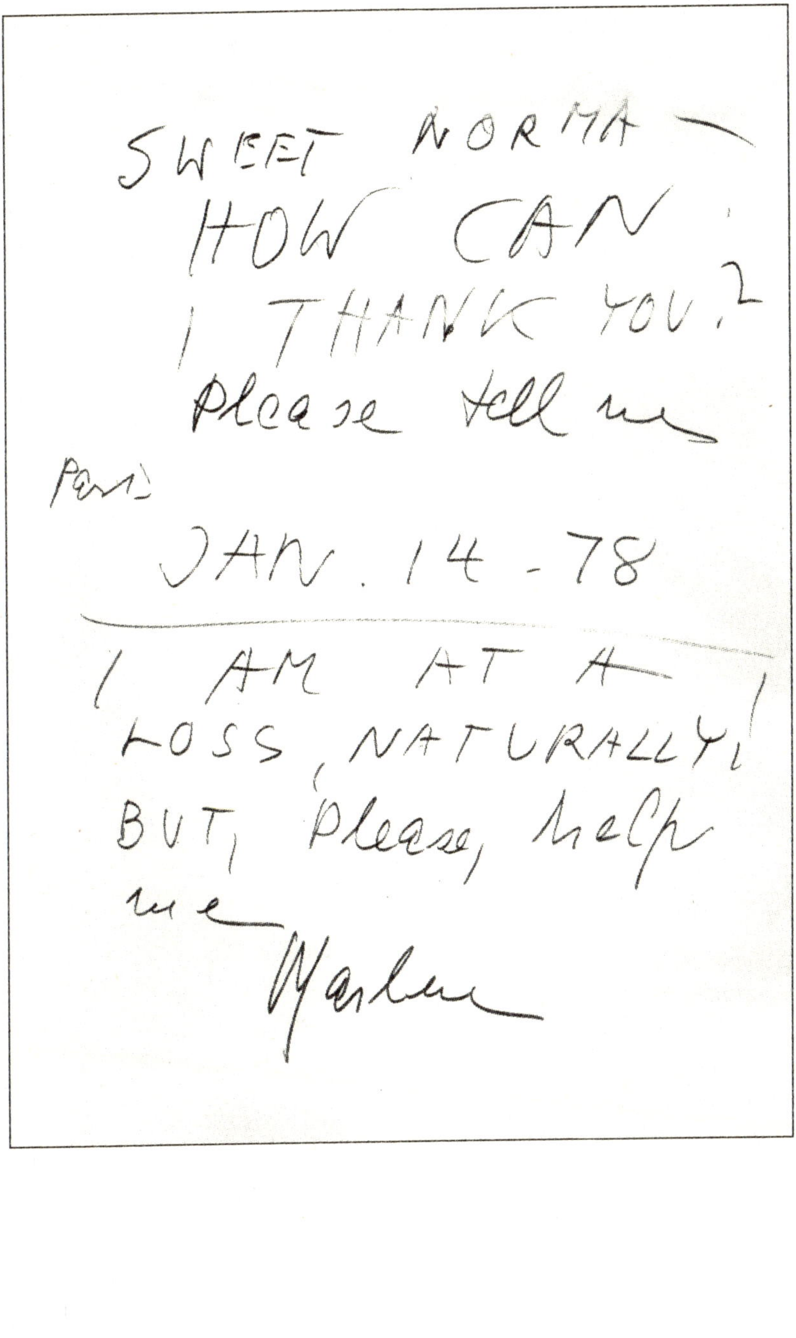

SWEET NORMA —
HOW CAN
I THANK YOU?
Please tell me

Paris
JAN. 14 - 78

I AM AT A
LOSS, NATURALLY,
BUT, Please, help
me —
Marlon

JANUARY 1986

If I had known
What would
Await me
I would never,
Ever have
Laid down
On my bed!
Dependency
Was never
My sort
Therefore
Dependency
On reluctant
(To say the least)
Persons
Makes life's
Short expectancy
Ridiculous
Of sorts!
What fate
Sneaked in
To make
Me give in
When so much was at stake!
The Bible says
Break Bread
With your
Neighbor.
I have no
Neighbor
To break the
Bread
So I starve.

Jan. 26, 1985

HOLLYWOOD ACADEMY AWARDS

A.K.A. "OSCARS"

COME AND GET IT!!!
If you won't come
You won't get it!
YOU CAN CREEP,
Crawl or roll
'Cause if you're
Not there
You can't get it!
With Henry Fonda
I wonda
How you got away
With this sordid,
Morbid bit.
Please, say!!

Oscar always
Needs a star
Walkin
Talkin - there you are!
If you're dead -
That we dread!
Can't
COME AND GET IT!
We're above par!
(In France
They call it
"CAESAR" -
SAME
SCHMEER
LIKE HERE)

\- 2 -

That much is
Known:
"Even
On crutches
You're welcome"
So -
Come and get it!
Oscar, thus far,
Still needs
A STAR:
Myrna Loy,
Was your joy!
Scratching bottom
In the vacuum,
Harum - scarum -
There you fumble -
And you aim
At a name
Long forgotten
But, still humble,
Hears your rumble,
"Come and get it"!
While you huddle
Sounds a voice
LOUD AND CLEAR
In all that muddle
"NOTA BENE
TAKE MARLENE".

SUNDAY, OCTOBER 3, 1982

HOLIDAY FROM SCHELL

It's a
frustrating afternoon
No T.V. set is
a-goin'
And the races
are not showin'
And my staphilococus
is bloomin'
like a rose
And who knows
What will happen
To the dollars
While no lawyer
Loudly hollers
And no other
Man to help me
To see
Come spend
This crazy
Fucked-up
Time
with me
It's a disappointing
afternoon
And I hoped
It would be quiet
But the fairies
runnin' riot
And that stopped all of my hopes
as you see
Come spend this fucked-up
afternoon with me.

Don't leave me
yet
Just wait
A while
Just hold
Your horses
As they said
Just wait.
I am not re ady
Yet
To see you go.
Just wait
I promise you
I'll let you go
After a while.
You smile
And I will run
A mile
To catch you
Running wild
Why are you
So scared of
Time and Tide?

A barren woman
Is a sorry lot.
A useless life
But she does see it
Not as such.
She makes believe
Much
Of other Devotions
Emotions
That the final
Solution is nil
Which she hides,
And besides,
She cries.
UNTIL SHE IS ILL
OF BEING BARREN.

12. AVENUE MONTAIGNE
75008 PARIS

July 6
87
Owe you
$500.-
Marlene Dietrich

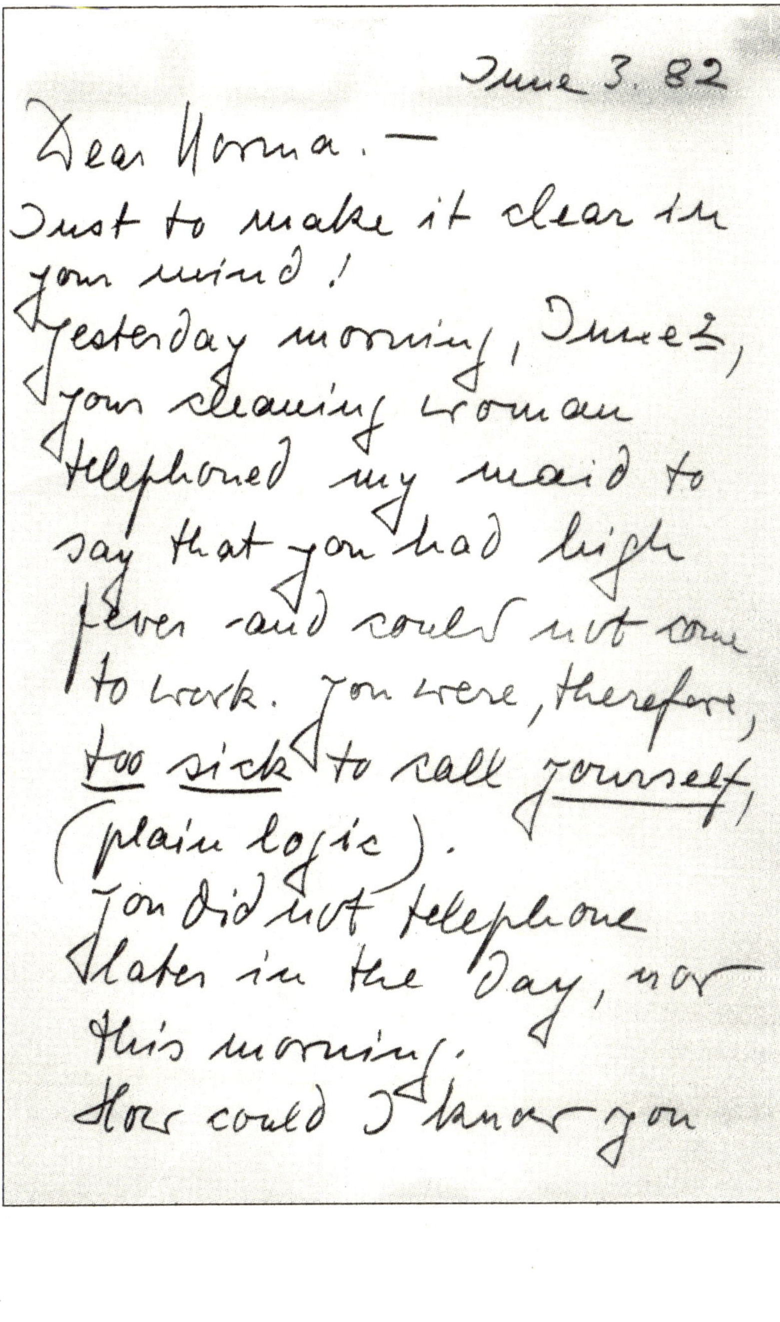

June 3. 82

Dear Norma. —

Just to make it clear in your mind!

Yesterday morning, June 2, your cleaning woman telephoned my maid to say that you had high fever and could not come to work. You were, therefore, *too sick* to call *yourself*, (plain logic).

You did not telephone later in the day, nor this morning.

How could I know you

2

were suddenly cured
and ready to work?
If you had telephoned
me this morning I
would have suggested
to stay another day in
bed and not take the
risk after one day of
"high fever".
Why you act "offended"
is beyond me.
Besides being a very un-
attractive trait – good
manners are preferable
in any walk of life.

3.

I am sorry that, when I told you that I was expecting a doctor's visit, you reacted the way you did; but, believe me, I have known "Sick-calls" before and know the procedure. You are not alone in your place, even after your cleaning-woman left. I did not call - so not to disturb you or your husband.

W

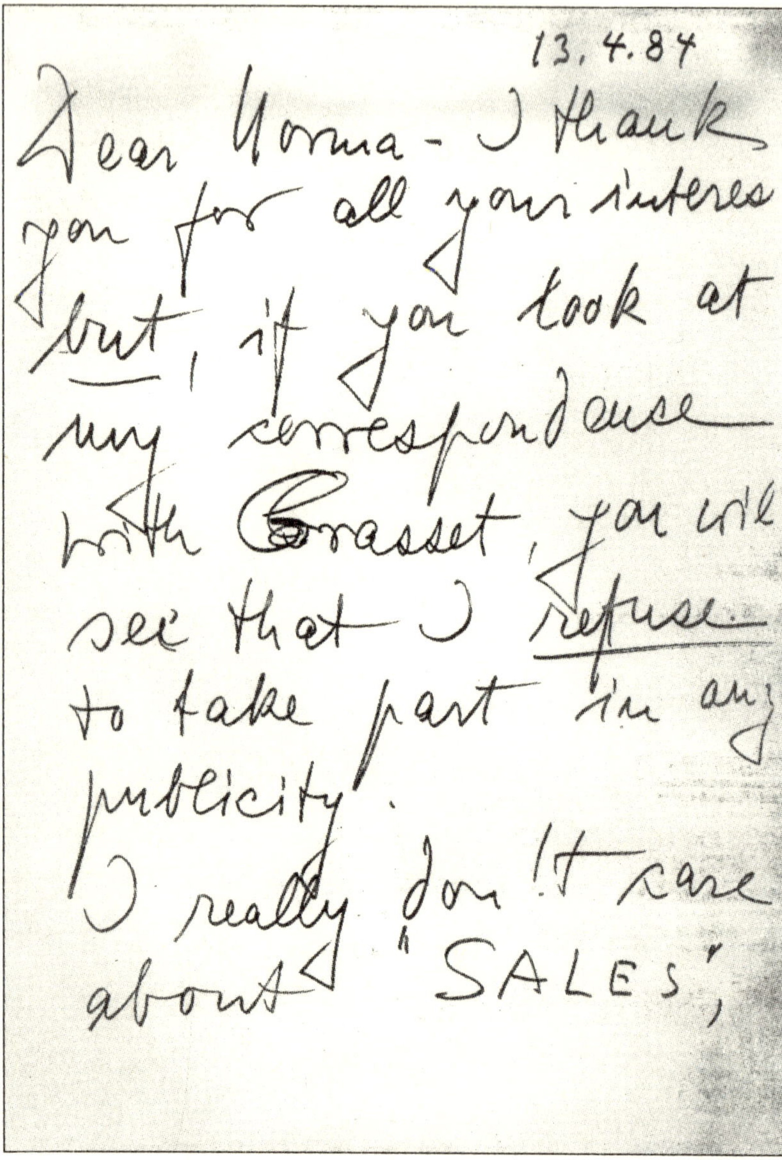

13.4.84

Dear Norma – I thank you for all your interest *but*, if you look at my correspondence with Grasset, you will see that I *refuse* to take part in any publicity.
I really don't care about "SALES";

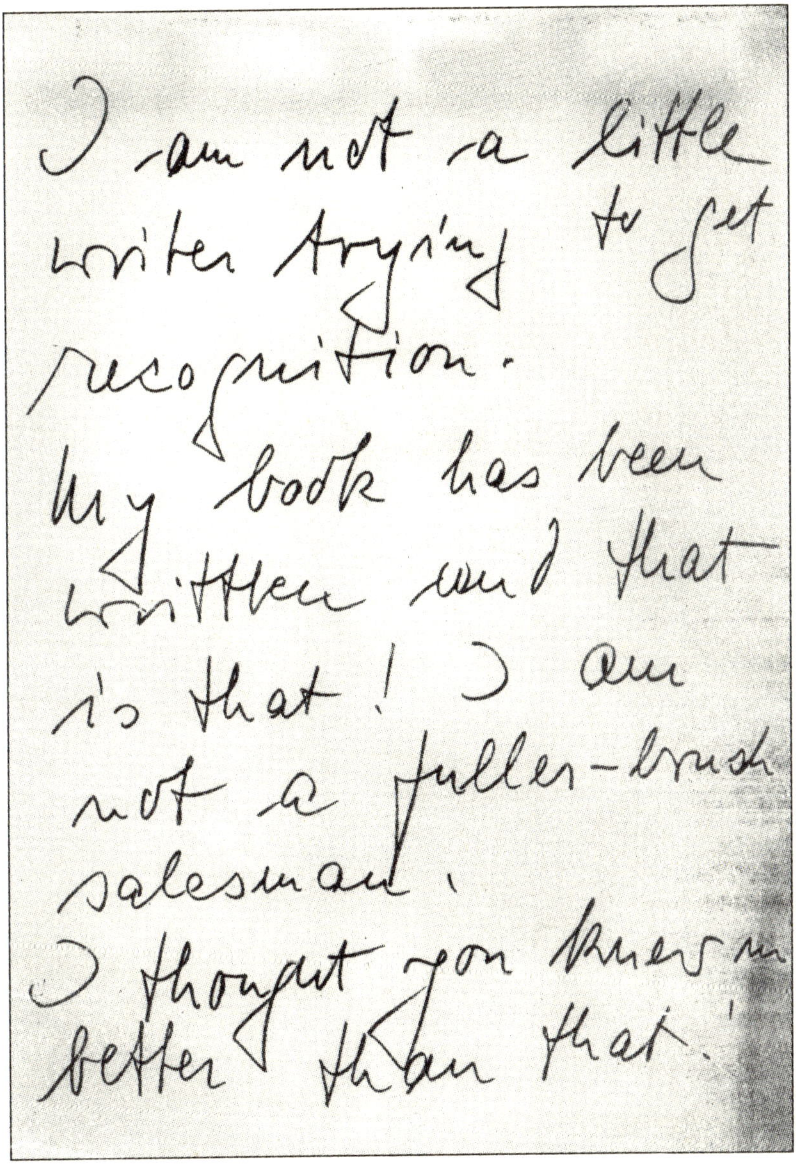

I am not a little writer trying to get recognition.
My book has been written and that is that! I am not a fuller-brush salesman.
I thought you knew me better than that.

Table des matières

• • • SAGIM • CANALE • • •

Achevé d'imprimer en novembre 2007
sur rotative Variquik
à Courtry (77181)

Imprimé en France

Dépôt légal : novembre 2007
N° d'impression : 10506

L'imprimerie Sagim-Canale est titulaire de la marque
Imprim'vert® 2007